寻根溯源学汉字 轻松易懂又有趣

一字一世界

⑬
R–S

颜煦之 著

认识汉字·理解汉字·掌握汉字·运用汉字

湖南教育出版社

```
图书在版编目（CIP）数据

一字一世界. 13, R-S / 颜煦之著. —长沙：湖南
教育出版社, 2019.4
 ISBN 978-7-5539-6420-1

  Ⅰ.①一… Ⅱ.①颜… Ⅲ.①汉字—通俗读物 Ⅳ.
①H12-49

中国版本图书馆CIP数据核字(2018)第232507号
```

责任编辑：李　好	丛书策划：申晓华	审读统筹：申晓华
	版式设计：申曜年	责任校对：邓　芳

一字一世界　13，R-S
YI ZI YI SHIJIE　13, R-S

出版发行　湖南教育出版社
　　　　　（地址：湖南省长沙市韶山北路443号　邮编：410007）
经　　销　全国新华书店
印　　刷　北京盛通印刷股份有限公司
　　　　　（地址：北京市经济技术开发区经海三路18号）
版　　次：2019年4月第1版
印　　次：2019年4月第1次印刷
开　　本：787 mm×1092 mm　1/16
印　　张：13
字　　数：160千
定　　价：39.80元
书　　号：ISBN 978-7-5539-6420-1

序

曹文轩

  为他人写序无数，还从来没有一次像写这个序那样踌躇，那样焦虑，那样迟迟不能下笔，一再延宕。本是一件"轻而易举"的事，却总是不能完成，几乎日日纠结在心。自己都觉得奇怪。今天，终于坐到了桌前。因为，实在不能再拖延了——那边在急切地等着发稿呢。

  造成如此状况，大概是因为我和煦之先生的友情实在太深、太浓、太厚了——总想写一个对得起朋友的序，正是这番对友情的特别在意，使得自己反而一拖再拖难以落笔了。

  其实，这个序写得好或坏是无所谓的，甚至可以没有这个序，因为，他做的事，白纸黑字都明明白白地摆在眼前，其价值和意义是不用人再絮叨的。写个序，只是戴个"帽子"，不至于看上去太"秃"罢了，将区区一个小序看得那样"严重"，实在没有必要。

  两年前在南京与煦之先生相会，他送了我一套他著的趣谈汉字的书，厚厚四册，我当时十分吃惊。回到酒店，埋在沙发中翻看，见他做的竟然还是含了学术——甚至是很学术的事情，更是吃惊。后来，我遇见谁都会提起这套书，一说书的妙、书的趣；二说煦之先生做事总不按常规，动不动就干出出人意料的事情来。不久，与好友方国荣先生谈出版之事，听他兴致勃勃地说要做一套关于汉字与人生方向的书，便立即将煦之先生的著作介绍给他。他也吃惊不小，很快就和煦之先生联系上了，没想到煦之先生竟神奇地又成就了一套方国荣先生心中所希求的新书。

  此套书共十一册，还是关于汉字的。

  细想想煦之先生做成此事，其实也无令人吃惊之处。他这个人，既是性情中人，又是一个执专心的人。一旦决定做一件事了，天底下也就只有这样一件事了。雷打不动，五头大牛未必能将他拽回。若是在夏季做事，你都能想见他干活时的样子：将门关住，短裤背心，甚至赤膊上阵，宽阔的脑门子上汗津津的，短而厚的手捏住笔就不肯放下，困顿时冲冲凉水澡，拍拍胸脯，拍拍脑门，提提神，接着再干。你以为他做的事，总出乎情理，而事实上，他做事就像他的体型一般稳重，方而正。这也是他的品格。

这一回，他的事做得有点大。

汉字文化，是个大题目，是一个意义非凡的大题目。九年义务教育新课程标准已经出台，与此前课标相比，其中一条被特别强调：要使学生懂得，汉字不只是一种纯粹的书写符号，也蕴含深厚的文化。煦之先生的研究事先当然与新课标毫无关系，只是他的思考与新课标的新维度暗合了。这也许是真知灼见者的不谋而合——所谓"英雄所见略同"。这套书，无意中可成为日后学生和语文老师学习、讲解语文的难得的参考书籍。

汉字是中国人极端聪明、非凡才智的结晶。有人在拿它与种种拼音文字进行比较时，故作深刻地说拼音文字是高度抽象能力的结果，那意思是说人家的东西要比我们的技高一筹。此等说法，不免肤浅。他们将象形文字的汉字，看成了依样画葫芦式的幼稚了，殊不知它的抽象能力其实是无与伦比的。这一个个神秘的方块字，无所不能，说事说理，皆妙不可言。我们可用它最完美地叙述这个世界，也可用它阐述这个世界上最精辟的原理和哲思。它的高度活性，字与字之间的微妙差异以及组词之后的无限能力，是任何一个熟练掌握它的人都会感到惊讶的。它是"魔方"。具象与抽象的完美统一，已抵达天造地设般的境界，使人觉得它本是造物主所使用的文字，是天然的。

更妙的是，一个个字，并不只是说事说理的符号，它们自身就是有意味的，甚至是有无穷意味的，一个个都是可以加以解读和欣赏的。从它们诞生的那一刻开始，它们就负载了若干意味。它们在不断变形的过程中，还暗含了历史的变迁。到了今天，每一个字，都有它的历史。"一字一世界"，还不抽象吗？抽象程度还要多高？可它确实又是形象的，因此，它与别种文字相比，又有了一个特殊的功能：审美。

它直接产生了一门艺术：书法。

从古至今，那些书法大家，用他们各具特色的书写，为我们提供了一个丰富的艺术世界。这个世界陶冶了中国人的性情，提升了中国人的生命境界。

煕之先生对汉字的认识价值和审美价值的理解与分析，就在这十一册书中。

写到此处，我忽然想起两件事来。一件是，好几年前，有个思维独特的年轻人四处奔走，并到处分发传单，说他经过长时间的研究发现，以英语为代表的拼音文字，其实也是一种象形文字。可是没有一个专家理会他。现在，这个年轻人不知到哪里去了，不知是否还在坚持他的"异端邪说"、继续他的"荒唐"研究。另一件是，一个大规模的制作和推广英语电子词典的公司的老板，向我展示了他的研究成果。他的研究成果与那个年轻人的结论一致，只是更加学理化：英语，也是一种象形文字。他当场向我解读了一个个英语单词，告诉我它们都是"象形的"。这个老板是学英语出身的，我当然不敢苟同他们的看法。但这两件事，倒使我看到了一个认识上的变化：作为象形文字的汉字，倒成了人家比附的文字了。

进入汉字魔方吧，其乐无穷。

2014年11月1日于北京大学蓝旗营小区

曹文轩，当代著名作家，精擅儿童文学，任北京作家协会副主席，北京大学教授，现当代文学博士生导师，儿童文学委员会委员，中国作家协会鲁迅文学院客座教授，是中国少年写作的积极倡导者、推动者。主要文学作品有《山羊不吃天堂草》《草房子》《天瓢》《红瓦》《根鸟》《细米》《青铜葵花》《大王书》等。

自序

当你拿起这本书,翻到这一面,我们就算有了一面之交。我很想拉着你的手,跟你聊两句。不多,就这么几句。

我这人一生与书有缘:读书、教书、编书、写书、出书、卖书、藏书……虽然如此,而今我却还是常读错字、写错字、用错字,还有很多不认识的字。究其原因,跟自己菲才寡学、天资愚钝有关。另外,恐怕跟汉字既多又难认难记有关。

汉字大约有十万个,常用的虽然只有三千来个,但要记住却非易事。据说,外国人把最难办的事说成"这比学汉字还难"。正因为此,近几十年来,国家成立专门机构,搞汉语拼音和汉字简化。

如今,全球有数千万"老外"学汉语,加上母语为中文的华人,使用汉字的多达十四亿人。怎样让这么多人轻松愉快地学汉字,是件十分有意义的事。我愿为此稍尽绵薄,所以编写了这本书。

汉字,是世界文化的明珠,是中华民族的骄傲。汉字,是先民们历经数千年,把对自然和社会的认识,巧妙地移植到一笔一画上而形成的。汉字,源远流长,魅力无穷,超群绝伦,华夏儿女应该发扬继承。

汉字,不仅仅是符号。对汉字,光凭眼睛看是不够的,形、音、义三位一体,那得细细品味,慢慢咀嚼,才能品出味儿来。有些字,是一幅生动的图画;有些字,是一个有趣的故事;有些字是一段复杂的历史;有些字,说的是生活常理;有些字,谈的是科学道理;有些字,讲的是深刻的哲理。每一个字,都值得我们欣赏、品味和探讨。若三五同好,聚在一起,谈古说今,咬文嚼字,得其三昧,那真是其乐无穷。

前人和当今有识之士,对汉字做了大量深入的研究,著述浩如烟海,硕果累累。作为门外汉,我不揣冒昧,也挤将进来,凑个热闹。

我将两千多个常用字,以科学分析和有趣故事相结合的方式,编写成这套书。我所讲解的每一个字,分为前后两部分。前半部分,我将这个字的形成、演变过程以及字形、字义、读音作简要介绍。凡此，仁者、智者，各有见解。我博采众长，或综合为一，或分别罗列，任君选择。后半部分，我以小故事等形式，更形象、更生动地来解释这个字的形、音、义。我不仅讲这个字的用法，而且讲这个字的结构特征，讲这个字笔画的用意，讲这个字和相似字之间的区别。我还特别注意解释字的读音，以便区别这个字与其它谐音字之间的区别与联系。我讲了两千多个汉字故事，与这些故事相关联的汉字有六千多个，几乎包括了所有的常用字。这便是字中有字，这才是真正的汉字故事。

顺便说一句，这里的故事，有些是我的创作；有些是据资料编写；有些是来自民间的汉字俗解。其中有些内容，"俗文学"也罢，荒诞也罢，读者朋友切莫当真。你尽可把先贤们的论著当作学术理论，把我这儿写的，权且当作插科打诨。因为我的目的很简单，我只是想通过这些小故事、小笑话，以及诗词、对联、谜语、民歌、童谣、字谜、谐音、测字、解字、解梦、避讳这些形式，加上奇闻轶事、文坛掌故……以此搭座桥、凑个趣，使朋友们认识这些字，辨别这些字，掌握这些字，记住这些字。

我愿把这套书，献给对汉字情有独钟的朋友。让大家在茶余饭后，有个谈笑的话题。这种话题，雅俗共赏。

我愿把这套书，献给学汉字的外国朋友。让他们更多地了解汉字的丰富多彩。愿他们在轻松愉悦中掌握汉字。

我愿把这套书，献给青少年朋友们。让他们在课外阅读时，带着笑脸，品味每一个字的结构和内涵。

我愿把这套书，献给我的教师同行们，为他们在备课时提供点资料，使他们在讲课时增加点情趣，让他们在课堂上引发出阵阵欢笑声，使孩子们在寓教于乐中理解汉字的博大精深。

当你手捧这一套沉甸甸的《一字一世界》时，我要深情地向你介绍为这套书的出版作出不懈努力的至爱亲朋。首先要说的是我的出版人申晓华先生。他不辞辛劳，担当风险，近十年来不离不弃，专注于此书的出版发行。好友曹文轩先生，热情为这套书作序，为这套书增光添彩。资深编审王林军先生，是这套书第一版的责任编辑，他为这套书奠定了基础。著名画家、装帧设计家朱成梁先生，为这套书的第一版，设计了精美的封面和版式。著名漫画家何天卫先生和叶霆先生，为这套书提供了大量生动活泼的插图和图案。著名儿童文学家方国荣先生，为这套书的第二版出版，作出了不懈的努力。这套书由第一版的七百余汉字故事，增补为两千余故事，经历了十多年的艰辛创作，其间幸有编审谢芳女士，著名汉字研究专家唐汉先生，古典文学博士陈光先生，著名青年书法家陈义望先生……他们参与了这套书的审读、修订和把关，指出了书中的不足和差错，保证了这套书的出版质量。因为这套书讲的是汉字知识，出版社是以辞书的标准来保证这套书的质量的。

　　图书出版，是很难完美无缺的，总会留下一些缺憾。这套《一字一世界》也概莫能外。我壮志不已，耕耘不辍，仍在收集汉字故事，愿继续努力，将三千多常用汉字，都配上生动有趣的故事，编成一本既可当字典，又可当故事的"阅读字典"，以供读者朋友们赏阅。

　　说到读者朋友，我激动不已，感慨万千。自该书出版十多年来，因书中有我留下的手机号码，我先后收到一百余位读者来电。有的指出差错，有的提出建议，有的给予鼓励，有的提供故事，有的只讲了几句：感谢你，继续努力……

　　我决不辜负读者朋友的厚爱，再接再厉，使这套书日臻完善。如你购得此书，那我们也就心灵沟通，成为志同道合的文友。君不闻，前世修得八百次回眸，今生方得一次擦肩而过。你我有缘，你才翻阅此书。以书会友，是我三生有幸。

　　如蒙赐教，请记住我的手机号码：13705181009。我当洗耳恭听。

感谢你阅读此文！
感谢你阅读这套书！

二零一九年三月
于南京长江大桥塸

目录

R

依照前人的样子——仍 / "人乃"万物之灵——仍 …… 2

不是空心圆圈的日 / 谜面对谜底——日 …… 4

手持戈甲的武士——戎 / "戎"和"投笔从戎" …… 6

草木开花 桃李春荣 / "荣"字报丧 …… 8

房屋山谷河谷可容纳 / 容天下难"容"之士 …… 10

高大的榕树 / "榕"树不容人 …… 12

树木枝条很柔软 / 曹操以"柔"克刚 …… 14

一块有纹理的肉 / 内中有人——肉 …… 16

女子听从命令——如 / 女人张大嘴巴——如 …… 18

最需要的读书人——儒 / 绝妙谜联讽刺贪官——儒 …… 20

需人照顾的儿童——孺 / "孺"和"孺子牛" …… 22

双臂抱婴儿喂奶——乳 / 母亲的"乳"汁 …… 24

手持蚌壳锄草——耨 / 乘龙快婿十分完美——耨 …… 26

箭头刺入物体 / "入"能回首便成人 …… 28

花朵中间部分——花蕊 / 猜谜高手——蕊 …… 30

王居门中——闰 / 一家之主,拿定主张——闰 …… 32

水能滋润万物 / 大门内外一片汪洋——润 …… 34

梳理头发使其顺——若/以"若"字测来信…………36

弯曲像弓 柔弱如羽毛/数人"弱"一个…………38

S

用水洗污垢——洒/绝不喝洒…………42

用手抛洒散播——撒/"杀手锏"和"撒手锏"………44

双手捧泥堵墙缝——塞/"塞"与"茅塞"………46

二加一之和为三/巧拆"三"字除心病…………48

数目字"三"的大写——叁/有小"叁"将很惨………50

遮挡雨雪阳光的伞/巧拆"伞"字解心结…………52

由聚集而分开——散/出门带把油布伞——散………54

枝繁叶茂的桑树/生"桑"梦的传说…………56

众口哭于桑枝下——丧/"丧"与"垂头丧气"………58

用手指甲抓挠——搔/此去应无"搔"首人………60

脸上的表情——色/"色"色皆空…………62

收藏谷物——啬/折字讲暗语——啬…………64

有架子的弦乐器——瑟/为何王字在上——瑟………66

树木茂密——森/大森林中说"森"字…………68

出家学佛的和尚——僧/由"生"联想到"僧"………70

手持槌子击杀野兽/刘可毅被杀…………72

水少了沙就露出来/河边淘"沙"猜字谜………74

人头脑糊涂愚蠢——傻/你这小"傻"瓜………76

又快又猛地摧毁——煞/痛煞…………78

阳光下取暖——晒 / 文章桥上"晒"文章 ………… 80

由土石构成的山 / 今岁除夕——山 ……………… 82

用浆划的小船——舢 / 舟到山前为小船——舢 ………… 84

像鸟翅膀能张合的门扇 / 胖和尚妙题"扇"字 ………… 86

连声赞美——善 / 人之初性本善 ……………… 88

供给财物赡养父母 / "瞻"字改"赡"字 ………… 90

人体受创伤 / 人与人切勿互伤 …………… 92

估计后再商量 / "商"人嘴多会讲话 ………… 94

将宝贝分一点当奖赏 / 生员"赏"钱给和尚 ………… 96

船的尾部——艄 / "艄"公摇橹 ……………… 98

做买卖延期付款——赊 / 要现钱不贝佘——赊 ………100

尝味咀嚼和发音的舌头 / 长"舌"妇 ……………102

圆而细长的爬行动物——蛇 / 蛇王说"蛇"字 …………104

屋顶屋梁屋门组成舍 / 乐施不倦——老舍 …………106

用手拉弓放箭——射 / 有趣的"四柱令"——射 …………108

天空电光闪烁——申 / 顶上出苗 地下连根——申 …………110

大肚子孕妇——身 / "身"入狼邦生死外 …………112

束腰的大带子——绅 / "绅"士风度 …………114

水从上到下距离大——深 / 探源水漫手——深 …………116

人体直立不弯曲——伸 / 为避讳"伸"字误公事 …………118

沉溺于男女情爱——甚 / "甚"和"不求甚解" …………120

认真细心小心——慎 / 真心创作有人看——慎 …………122

量粮食的器具——升 / 模拟测字话升官——升 …………124

小草破土生出地面 / 牛在地上走——生 ………………126

物体震动发出声音 / 为谜友壮行——声 …………………128

供祭祀用的牛羊——牲 / "牲"和"牺牲" ……………130

姐妹所生的子女——甥 / 生男是甥 ………………………132

用丝麻线制成的绳索 / "绳"字与记事和法制 ………134

耳聪口辩的圣人 / 老华侨戏说简体字——圣 …………136

奋力完成任务——胜 / 牛郎织女正相配——胜 ………138

有东西从手中丢失 / 牛长两条尾巴——失 ……………140

人群众多有头领——师 / 一横抵千军——师 …………142

言志有韵律的诗词 / 因"诗"言寺 ………………………144

咬人吸血的小虫——虱 / 衣破半風多——虱 …………146

旗帜飘扬的样子——施 / 粗毛野兽石"施"先生 ……148

水断去路土地积水潮湿 / 四名家为杜诗补一字——湿 …150

九加一的数目为十 / 第"十"年十月十日 ………………152

山崖上的石头 / 道姑拆"石"字 …………………………154

春夏秋冬四时节 / 寺边无日不逢时 ………………………156

语言使人认识事物 / 见识见"识"古代的"識"字 …158

家中充满钱粮——实 / 家有老母"实"为宝 …………160

张口吃饭——食 / 良人倒了还是到了——食 …………162

忠实记载历史 / 一出世便为官——史 ……………………164

有箭头箭杆箭尾的矢 / "矢"头出便是"失" …………166

手中拿笔写命令——使 / 人做吏便"使"唤人 …………168

一和十组成士 / 进"士"进土 ………………………170

祭品在石桌上展示 / 两个小人在作梗——示 ………172

三十年为一世 / 三改文献"世"家 …………………174

前往做买卖场所——市 / "弃市"与斩着示众 ………176

权力和地位——势 / 努力执行才有优势 ……………178

做事情 / "事"字下面没钩脚 ………………………180

人佩巾打扮自己——饰 / "饰"和"粉饰" …………182

察其言量其行才可试用 / "试"一试是真是假 ………184

用眼睛看——视 / 奇怪的考题——视 ………………186

以日为准正而不偏——是 / 人在日落时——是 ……188

走到那儿去——适 / "适"和"削足适履" …………190

以往过去了——逝 / 从近处入手——逝 ……………192

依照前人的样子——仍

réng
仍

金文
小篆
隶书
楷书

  小篆的"仍"字是个左右结构的形声字兼会意字。左边的"单人旁"作形符，表示跟"人"有关。

  右边的"乃"字读"nǎi"，作声符并会意。

  "乃"字与"人"字相组合，表示依照前人的老样子。因所讲的是有关人的社会活动，所以古人用"单人旁"的"人"字作"仍"字的形符。

  古人为什么用"乃"字作"仍"字的声符呢？

  有人作了合理的想象。在甲骨文、金文和小篆中，"乃"字的字形都像弯弯曲曲的一丝气缕，表示出气有困难。谁出气困难？老年人或有怨气的人出气不畅。古人用"人"字与"乃"字组合，比喻因循守旧，总是这样子。因循守旧，必然是多次重复，多次重复必然使人厌烦乃至不满，这就是出气不畅的原因所在，所以古人用"乃"字作"仍"字的声符并会意，也流露出对因循守旧或恢复老样子，不思进取的不满。

  也有人认为，古代的"乃"字是妇人双手抱子于胸前喂奶的形状。隶变后的楷书写作"乃"，本义指"喂奶"。这样解释就和"仍"字没什么关联了。

  楷书的字形由小篆演变而来，写作"仍"。

  "仍"字的本义指"因袭、依旧、老样子"。如："照旧"，也称"仍旧"，指照着旧的方法去做。成语"一仍其旧"，就是指完全照旧。

  表示情况持续不变或恢复原状称"仍然"。还有继续努力称"仍需努力"。

"人乃"万物之灵——仍

民国年间,南京夫子庙文德桥头摆测字摊的胡铁嘴,可算是个传奇人物。他衣食无忧,年近七十,仍是风雨无阻,每日出摊。

一天,来了位身穿长袍马褂,一脸阴沉的中年男子,声称要跟胡大爷请教点事情。胡铁嘴见来者不善,小心伺候。笑问:"先生测什么字?什么事?"

来者一口句容口音,用手中折扇在桌上点了一下说:"就测这一点。测什么事?你看呢?"

胡铁嘴从容应道:"心动则笔动,笔画如心画,你这一点就是你的心,也是你要问的事儿。这一点是'文'字首,'官'字首,'安'字首,'福'之首,'祸'之首,不知你是问官运,还是问祸福?"

来者用折扇敲着桌子,连声喊好,又"哗"的一声,展开扇面指着三个字说:"先生请看,在下姓文,名仍福。请你为我测个'仍'字,看我官运如何?眼下我在县府打杂,想谋个位置坐坐……"

胡铁嘴提笔写了个"仍"字说:"'乃'者'你'也,'就是'也,就是你也。无工不成'巧',无人不成'仍'。'乃'字加个人字旁成'仍'。'仍'犹言依照原来的,没有变动,仍然,仍旧,一如既往。看来你是'福'字辈,你永世有福,一直有福。"

来者听了,摇头晃脑,满脸幸福。

胡铁嘴又赞道:"你家祖宗把你捧上天啰。'仍'字拆开是'人'与'乃'。有句话你听说过么?人乃万物之灵也。他们望子成龙,故用'仍'字为名。"

来者疑惑道:"那我至今没捞个一官半职呢?实不相瞒,眼下我吃喝玩乐,全靠祖上房租田租过日子。"

胡铁嘴指着"仍"字说:"这单人旁就是你,站在'乃'字旁。这'乃'字右边是一级级险要的台阶,上面有平台,但爬上去危险。这'乃'字左边呢?那一撇甩到底,好似悬崖峭壁,万丈深渊,你除了变只鸟飞上去,永远休想爬上去。你只能站在一旁,仰头向上……"

胡铁嘴这几句话,说得这浪荡哥儿立马耷下了脑袋。

不是空心圆圈的 日

rì
日

甲骨文

金文

小篆

隶书

日
楷书

"日",就是太阳。最早,没有"太阳"这个词,太阳也就是"日"。"日"除了表示太阳,还表示天亮到天黑这段时间,也就是白天,如:日班、日日夜夜;也表示地球自转一周的时间,一昼夜,如:今日、明日;还泛指一段时间,如:往日、来日、假日。

甲骨文的"日"字,是扁扁的四方形,当中有一横。这是个象形字。太阳明明是圆的,怎么画成扁扁的四方形呢?看来,这与在甲骨上用刀刻画圆十分困难有关。后来的金文写成了圆形,当中有一点,这就更像太阳了。但是画圆既困难又麻烦,不如写个方框容易,所以到了小篆与楷书阶段,"日"字就成了方块字。

问题的关键是,古人为什么在圆圈中加一短横或一点呢?这一点意味着什么?据专家们考证,这一短横或一点表明太阳是个实体,它并非是个空心圆。在古人心目中,太阳是光芒四射的发光体,是被人格化了的神,一些文明中太阳神是众神中最伟大的。

太阳是个圆圆的实体,不像月亮那样,有时圆,有时缺。古人把太阳的"实"与月亮的"缺"看成是相对应的。"日"字中的一点,就是强调太阳是个实体,而不是空心圆。

唐·颜真卿

谜面对谜底——日

北宋大文豪王安石，不仅当过宰相，安邦治国平天下，而且著书立说，写出了许多脍炙人口的诗词文章。

王安石为人谦和，幽默风趣，民间流传着许多有关他谈诗论文、测字猜谜的故事。

有一天，王安石和好朋友王吉甫在一起喝茶闲谈，直到日落西山，天渐渐暗下来。这时王安石说："我想到个字谜，请你猜猜。"

王吉甫说："请讲。"

王安石说："画时圆，写时方；冬天短，夏天长。这是什么字？"

王吉甫也是位文学功底深厚的学者。他一听，便知道谜底是个"日"字。可他不直接回答，随口说："我不忙揭你的谜底，我也出个字谜。"

王安石说："说来听听。"

王吉甫说："东海有一鱼，无头又无尾，更除脊梁骨，便是你的谜。"

王安石听罢，大笑道："吉甫兄比我高明，佩服！佩服！"

原来，王吉甫出的字谜，谜底也是个"日"字。因为"鱼"字去头又去尾便是"田"字。抽掉"田"字当中的脊梁骨——也就是一竖，便是"日"字。

手持戈甲的武士——戎

甲骨文、金文和小篆的"戎"字都是会意字。

最早的"戎"字是一个一手持戈，一手持甲的武士形状。"戈"是一种兵器，长柄，上端横绑着一把锋锐的刀，刀上还有装饰物。"甲"字是最早"戎"字当中的"十"字形，像防护用的盾牌。

甲骨文的"戎"字省去人形，只留下一戈一甲。

金文与甲骨文大致相同。篆文承接金文，但盾牌的形状有了明显变化。隶变后的楷书写作"戎"。"戎"字的本义为"武士"。

"戎"字由本义"武士"引申指"兵器"，如：武器和军队称"兵戎"。由"兵器"引申指"军队、军事"。如参加军队称"从戎"；军旅、行伍称"戎行"，战争、军事称"戎机"；军马指从军或作战，也称"戎马"；军队的主谋或发动战争的人，也称挑起事端的人称"戎首"；军装也称"戎装"；主将和统帅也称"戎首"；"戎马倥偬（kǒng zǒng）"形容军务紧张繁忙，"戎马生涯"指军队的生活经历。

"戎"字指我国古代居住在西部的民族。"戎"字也作姓氏用。

"戎"和"投笔从戎"

距今两千多年前的东汉初年,有位史学家名叫班彪,扶风安陵人,即今日陕西咸阳东北一带人。他收集资料,作《史记后传》,以补充司马迁所作《史记》之不足,写了数十篇不幸去世,后来由儿子班固和女儿班昭续写完成,取书名为《汉书》。

班固有个弟弟叫班超,也是个了不起的人物。他是东汉时期的军事家、外交家,为保卫汉朝边疆和西域各国的友好交往,作出了卓越的贡献。

班超从小便胸怀大志,博览群书,刻苦好学。他性格豪爽泼辣,在家干粗活累活,孝敬父母,是个受人夸奖的好孩子。

班超三十岁时,跟随哥哥到洛阳定居。为帮助哥哥一起供养母亲,他常替官府抄写文书,或帮私人抄写书籍,得点报酬,贴补家用。当时,北方边境很不安宁,匈奴常常派兵侵扰当地牧民,抢夺牛羊,掳掠边民,不断向内地蚕食汉朝国土。班超每当听到这类消息,就气愤难平。他又想到,汉朝与西域各国的交往陆陆续续,已中断了五十多年,为此更是忧心忡忡(chōng)。有一天,他正在为一富户抄写史书,听哥哥回来说起,边境又传来告急文书,匈奴又侵占了大片汉朝国土,班超听罢,拍案而起,将手中的笔猛的扔到地上,大声吼道:"大丈夫应像傅介子、张骞(qiān)那样,立功异域,怎能把时间消磨在笔砚之中!"

班超所说的这段话,被记入《后汉书·班超传》。在班超之前,傅介子和张骞都曾出使西域,到过大宛国,即今日的乌兹别克斯坦,到过克什米尔、阿富汗一带,沟通了汉朝与西域之间的来往。班超扔了笔之后,决定从军,后来当了一名军官,与匈奴作战,不久,朝廷派他出使西域,前后三十一年,与五十多个国家建立关系,直到七十一岁方回洛阳,不久因病去世。

班超扔下笔从军的故事,后人将此称作"投笔从戎",成为成语流传下来。戎,就是指兵器,也指军事、军队。如今,将文人从军,弃文就武都称作"投笔从戎"。

草木开花　桃李春荣

　　金文的"荣"字像两朵花交叉在一起，上面六个扩散的小点，表示相互争荣的花草，下部则是草本植物的枝条。

　　小篆的"荣"字是个上下结构的形声字。上面是个草字头，下面是个秃宝盖，这是"荧"字的简写，表明这个字的读音。下面是个"木"字，表示这个字与树木花草有关。

　　隶书的"荣"字跟小篆的字形差不多，上面是两个"火"字，写成"榮"。之所以用两个"火"字，是表示花朵或庄稼的穗头如两支火相互照耀。到了楷书，后来简化成"荣"。

　　"荣"字的本义，有人认为是指树的名称，具体说是梧桐树的别称。而有人认为，这一说法不可信。"荣"字的本义就是指草木开花。这一说法更容易使人接受。

　　草木开花，表示茂盛，这就有欣欣向荣的味，这也就是繁荣兴旺、兴盛。

　　因为兴盛，就会受人尊敬，这就是荣誉、光荣、荣幸、荣耀。

　　"荣"与"辱"是相对的，这就是"荣辱与共，肝胆相照"。

东晋《爨宝子碑》

宋·米芾《三希堂法帖》

"荣"字报丧

清朝末年,有个山西商人长期在外地做生意。

一天,他老家突然来人带信,说他妻子生病了。商人听了很着急,但实在又没时间赶回去,只好找个术士测测妻子的吉凶。

术士见他拈了一个"榮(荣)"字,就叹了口气,缓缓说道:"你的妻子已经去世了,你还是赶快回去办丧事吧。"商人不明白他是怎么测出来的,非要他说清楚。术士拗不过他,只得解释道:"'榮(荣)'字上面两把火,象征着一对蜡烛,中间的一部分像个墓台,最下面是个'木'字,那当然是代表棺材了。"

商人听了,不再多说,急忙雇了辆马车赶回家。到家一看,他的妻子已经病死了。

这个故事,看上去说得很准。其实仔细一想,也不稀奇。对术士来说,他只须在两个判断中先判定一个:这人的妻子,要么是死,要么是活。

术士大都有社会阅历,善于察言观色。他见这商人一脸丧气,当然能猜中七八分了。而"榮(荣)"字,正好给了他一个表述"死"这个意思的平台,所以说准了。

róng
容

甲骨文
金文
小篆
隶书
楷书

房屋山谷河谷可容纳

小篆的"容"字是个上下结构的形声字兼会意字。上面的宝盖头作形符。宝盖头有深宅大屋的意思。也可看作是家居，指大的房子，以此作形符，表示跟房屋有关。下面的"谷"字读"gǔ"，作声符并会意。这两个字形组合在一起，指"容纳、盛载"。

因为是指"容纳，全都装得下"，这与大的房子有关。因为大的房子可容纳接待很多人。所以用宝盖头作形符。

古人为什么用"谷"字作"容"字的声符呢？因为"谷"字有山谷、河谷之义，而山谷和河谷都深而广，可容纳很多的人，所以古人用"谷"字作"容"字的声符兼表意。

金文的字形由甲骨文演变而来；小篆的字形由金文演变而来。隶变后的楷书写作"容"。

"容"字的本义指"容纳、包含"。如：宽容、大度称"包容"；容纳物质的数量称"容量"；容纳收留称"容留"，也称"收容"。还有：内容、容器、容身等。

"容"字由本义引申指"原谅、宽容"，如：容忍、容人、从容、从容不迫。由此又引申指"允许、让"，如：容许、不容、容留、不容置疑。

"容"字又假借指"相貌、仪表"，如：容光、容颜、愁容、动容、军容、美容、怒容、音容笑貌等。

容天下难"容"之士

明朝开国皇帝朱元璋,安徽凤阳人,出身于贫苦农家,十岁时给富户人家放牛,十七岁投奔附近的皇觉寺当和尚。二十四岁参加起义军,经十六年南征北战,终于当上皇帝,庙号太祖。他识字虽不多,但天赋惊人,全仗自己刻苦自学,勤学勤用,以致能批阅奏章公文,还能吟诗作赋。据说他一生喜爱用对联,有许多绝妙对联都出自他手,有"对联天子"美称。

朱元璋当过和尚,对寺庙十分关心。他微服私访时,遇到庙宇,总要进去看看。在众多佛像中,他最喜欢弥勒佛的塑像,胖胖的,挺着大肚子,喜笑颜开、慈眉善眼,让人开心。

这一年,朱元璋以游客身份,来到镇江金山寺,见弥勒佛像两旁有副对联:

> 眼前都是有缘人,相近相亲怎不满腔欢喜;
> 世上尽多难耐事,自作自受何妨大肚包容。

朱元璋看罢,又默读两遍,然后跟主持大和尚攀谈。他自告奋勇,说自己拟了一副对联,愿写出来赠予金山寺。大和尚欣喜不已,拿出文房四宝,请客人留下墨宝。朱元璋也不推让,提笔就写:

> 大肚能容,容天下难容之士;
> 慈颜常笑,笑世上可笑之人。

这大和尚不认识眼前此人即当朝天子。他接过对联,指指上联最后一个"士"字说:"客官此联贵在一个'容'字。这'容'字是佛祖海纳百川,能容天下的写照。他心宽体胖,能容万事万物,客贵为何写'士'字而不写'事'字呢?"

朱元璋答道:"此'士'非那'事'。'事'在人为,'士'是人中俊杰豪杰,能容'士',世上还有什么'事'不能容?"

一番话说得大和尚连连点头,忙端茶送水款待眼前这位麻脸客人。

高大的榕树

róng
榕

小篆的"榕"字是个左右结构的形声字兼会意字。左边的"木"字是形符，表示跟树木有关。右边的"容"字是声符，读"róng"，是指"生长在热带或亚热带的常绿乔木"。

古人为什么用"容"字作"榕"字的声符呢？凡见过榕树的人都知道，榕树长得又高又大，枝干伸展得密密麻麻，树阴覆盖面积又宽又广。有些大榕树高达四五丈，达数层楼高，面积可达一亩地，所以给人以盛大宽阔的感觉。而"容"字有"盛"的意思，也有容纳包含的意思，正因能容纳包含，所以就能宽阔广大，正因为此，古人才用"容"字作"榕"的声符并会意。

榕字的本义指"生长在亚热带等地的常绿乔木"。常用的词不多，专指"榕树"。

榕树宽大的枝杆和密密的树叶，在炎热的夏天给人们带来阴凉。所以农村在村头广场大多种一棵榕树，让人们在此乘凉聚会。榕树的木材可制家具和器具。榕树的树叶、气根、树皮可入药。

"榕"字是福建省福州市的别称。

榕 小篆

榕 隶书

榕 楷书

"榕"树不容人

社会在发展，人们的生活水平在提高。现在不少老年人，为了追求生活享受，纷纷当了"候鸟"。天冷了，住到南方温暖的地方避冬。天热了，来到凉爽的地方避夏。徐教授、杨老师等人便是这样，他们从大雪纷飞的南京，飞到了温暖如春的广西住进了北部湾雷洲岛的农家屋，在冬天里的过起了温暖如春的舒服日子。

岛上森林密布，大树参天。农家屋是大院子，院子里有棵大榕树，大榕树铺天盖地，几乎占据了整个院子。店主在粗壮结实的树枝上，绑了几张吊床，供客人们躺在上面一边摇晃，一边休息，晃晃悠悠，很是惬（qiè）意。杨老师赞叹道："这棵大榕树多好啊，一家人在这树下乘凉休息，树干树枝又可作木材，树叶又可当柴烧……"

正说着，在一旁忙着炒菜做饭的女主人插话说："先生，你可不知道啊，我们这儿有句古话，榕树不容人，一般人家，不敢种榕树啊。"

杨老师平日喜欢钻研汉字，一听这话，马上将榕树的"榕"字跟"不容人"的"容"字联系起来。他从吊床上下来，恭恭敬敬地问女主人："榕树怎么不容人呢？"

女主人指指密不透风，阴森森的院子说："你看这院子，很大一块地呢，就被这一棵榕树全占了，树叶密密麻麻，它能挡雨，但平时不透风啊。你看这树根到处窜，它从地底下钻出来，能把墙基都顶翻，墙基不牢，房子就危险啊，再说这树枝，抵得上一棵树的树杆，刮大风时，四处摇晃，把屋顶上的瓦都撸下来，有的还把墙刮倒呢……"

杨老师听了问女主人："那该怎么办呢？"

女主人说："榕树不容人，我们就把榕树种到村外人少的地方。再怎么说，榕树不容人，人要容树啊，它对人毕竟是利大于弊啊。"

听了这番话，杨老师脑海里的"榕"字上下翻滚起来。他在想："古人在造这榕树的'榕'字时，当它是形声字兼会意字，考虑到它'盛大'之义，但是否也曾考虑到它'不容人'的一面呢？"他疑惑不解，忙回到吊床上，向学富五车的徐教授请教。

树木枝条很柔软

róu
柔

　　古代的"柔"字,是个上下结构的形声字。上面的"矛"是声符,读"máo"。下面的"木"字是形符,表明跟树木有关。

　　"柔"字的本义指"树木的枝条能屈能伸,能曲能直"。

　　"柔"字由本义引申指"柔软",跟"刚强"相对,或指"柔"与"刚"相对,如:柔道、柔嫩、柔韧、柔弱、柔术、轻柔、以柔克刚。

　　"柔"字由本义还引申指"温和、柔和、不激烈",如:柔光、柔滑、柔媚、温柔、柔情似水。

　　"柔"字也作姓氏用。

金文

小篆

隶书

楷书

唐·褚遂良《伊阙佛龛碑》

唐·孙过庭《书谱》

唐·欧阳询

明·宋克《停云馆法帖》

曹操以"柔"克刚

读过《三国演义》的人都知道,刘备手下有员大将,名叫马超。马超专使一支长矛,跃马扬鞭,驰骋疆场,那真是如入无人之境。

马超出身于凉州豪强之家。东汉末年,他随父起兵,曾与曹操打过几仗,其中一仗,曹操差点丧生在他长矛之下。

却说建安十五年,马超与曹军相遇,曹操被杀得大败而逃,马超穷追不舍。前面有片树林,曹操下马,钻进树林。马超看准了,提着长矛,下马追赶。

曹操见马超追来,自己身边又无护卫,只得绕着大树东躲西藏。马超左绕右绕,长矛刺不着他,很是恼恨。马超年轻气盛,杀曹心切,不由举起长矛,使劲刺去,没料到,这长矛矛尖刺进树干三寸之深。待马超用力将长矛拔出来时,曹操已趁这空儿,躲进密林,逃之夭夭了。

曹操逃回大营,反省这一仗如何失败,自己又是如何死里逃生的。他反复思考长矛刺进树里一时拔不出来这段情节,结果竟想到一个绝妙的字谜:"矛刺在树上。"这不就是"矛"加"木"吗?"矛"、"木"相加乃"柔"字也。"柔"者,软中有硬,曲中有直,弱中有强,这就是以柔克刚啊。想罢,他重新考虑战术,使出反间计,终于在第二年,于潼关将马超打败。

建安十六年,马超退回凉州,后来被杨阜所逐,他只好投奔刘备。蜀汉建立,马超被任命为骠骑将军。

秦汉瓦当

一块有纹理的肉

ròu
肉

甲骨文

金文

小篆

肉 隶书

肉 楷书

      甲骨文和小篆的"肉"字是个象形字，其形状就像一块有纹理的肉。当中的一横或两横就是肉上的纹理。后来"肉"字仍保留了纹理的形状。这个字形就像今天的"月"字，所以人们曾把"月字旁"称为"肉月旁"。

      "肉"的本义指动物的肌肉，如：鸡肉、猪肉、牛肉、鱼肉。

      有人认为，甲骨文和小篆的"肉"字与现今的"肉"字，其形状有差异。现在的"肉"字应该理解为内外结构的形声字。其外面是"内"字，表示读音。里面的"人"字表示这个字与"人"有关。其本义仍然是表示动物的肌肉。

      "肉"与"人"有什么关系？

      人也是动物，也有肉。这肉就是人体内靠近皮肤的软组织，称之为肌肉、血肉。

      因为肉可吃，一些植物果实里可吃的部分也称为肉，如：桂圆肉、冬瓜肉、肉瓤西瓜。

      与人有关的肉，如：肉眼、肉形、肉体、肉搏。

      "肉"也用来表示行动迟缓、性子慢，如：这人做事真肉。

魏·钟繇《宣示表》

明·董其昌

内中有人——肉

关于"肉"字,有一则"内中有人"的测字故事。

唐朝时,京城长安有个姓宋的人,这天晚上做了一个梦,梦见墙上写着个"内"字,中间站着一个小人。

梦醒后,他感到非常奇怪,不知这个梦是凶是吉,思来想去,决定找个人来为自己占占梦。

他去请占梦名家王孝五解梦。王孝五听完他所述,马上高兴地对他说:"'内'字当中有个'人',不正是个'肉'字吗?这是好梦,说你的口福不浅呀!"

果然从那以后,这个姓宋的接二连三受到别人宴请,大鱼大肉吃了个够。

女子听从命令——如

ru
如

甲骨文

金文

小篆

如 隶书

如 楷书

在甲骨文和小篆中，"如"字是一个会意字。古代的女子都要讲三从四德，女子应当处于服从的地位，所以"如"这个字我们可以理解为：右边的"口"表示下达命令，左边的"女"表示被下达命令的对象。被下达了命令的女子应当顺从，所以"如"的本义就是"顺从、服从"。

现在，"如"的本义已经不再使用了，而引申为"适合、依照"的意思，"如意、如愿、如愿以偿"等词都表示这种意思。

但也有人不同意这种说法。从小篆的字形分析，左边是"女"字，右边是"口"字。这"口"字是盛水的器物，相当于今天的脸盆。旁边的"女"字从脸盆的水中照见自己的形貌。她的脸形与影子中的脸形相似，所以"如"的本义是"相似、相像"，如：月光如水、坚强如钢、勇猛如虎、胆小如鼠、如鱼得水。

现在"如"字的一个常见用法是表示"举例"，如：文具盒里有很多文具，如铅笔、橡皮、直尺等。

"如"还可以表示"事物之间的比较"，如：他不如你、一年不如一年。

"如"也作姓氏使用。

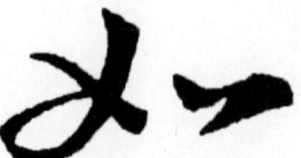

东晋·王羲之《澄清堂帖》

唐·颜真卿

女人张大嘴巴——如

从前有个老太太，儿子在外经商，家里只有她和媳妇两人，可她偏偏爱跟媳妇作对，对媳妇凶得不得了。儿子每次回来探亲，她还故作委屈，说媳妇的坏话。为此，媳妇心里愤愤不平。

这年春节，儿子又回家了，媳妇心里便打定主意，既要当面出口恶气，又使丈夫抓不住把柄。

年初一一大早，她跟丈夫给婆婆磕头拜年。她一见到婆婆，就气势汹汹地从她面前走过，还张大嘴巴瞪着眼，一副恨不得咬她一口的样子。

老太太见了，差点气昏过去，马上命儿子施行"家法"。媳妇大喊冤枉，说自己不过是出了一个哑谜，让婆婆开开心，谁知道一番好意竟被婆婆误会了。

儿子也搞不清楚到底是谁对谁错，就要妻子说出哑谜的谜底。

媳妇说："女人张大嘴巴，不是一个'如'字吗？我是在祝婆婆万事如意呢！"

丈夫恍然大悟，反过来说老娘错怪了媳妇的一片好心。老太太有苦说不出，知道媳妇不好惹，从此就收敛了许多。

最需要的读书人——儒

rú 儒

金文

儒
小篆

儒
隶书

儒
楷书

　　小篆的"儒"字与楷书相似，是个形声兼会意字。左边的人字表示这个字与人有关。右边的"需"字是声旁兼表意。本义指读书人。"儒"用"需（xū）"作声旁，它兼表什么意思呢？

　　首先，我们要弄清"需"字是什么意思。古代的"需"字是个会意兼形声字，由"雨"和"而"组成。"雨"，表示跟下雨有关。对"而"有两种说法，一种说法是象形字，像人的胡须，本义指"胡须"。还有种说法，认为它与"雨"结合成"需"字时，在这儿是大（人）的讹变，像人在雨中走路，等雨停下再走。本义指"等待"。等待兼有"迟疑"的意思，迟缓就是需要等雨停下再走，所以"需"引申为"需要、必需"的意思，如：急需。

　　弄明白"需"字的意思，再来谈"儒"字。

　　我们知道，远古时代的人很相信天地鬼神。懂巫术、会占卜的人，都是重要人物。掌管记载史书、管理庙宇的人也是受人尊敬的。到春秋时期，从巫、史、祀、卜中分化出来的，熟悉诗书礼乐、能为贵族服务的人就是读书人，他们也是最受需要的人。正因为此，"儒"字用需要、必需的"需"字作声符兼会意。这些人被称为儒家，他们的学术称为儒术。

　　"儒"的本义为读书人，如：儒生、儒雅。把有文化的军人称为"儒将"；有文化的商人称为"儒商"；读书人出生的医生称为"儒医"。

　　"儒"由本义可引申指"以孔子为代表的学派"，如：儒教、儒学。

　　"儒"也作姓氏用。

绝妙谜联讽刺贪官——儒

清朝光绪年间，河北有一位县官名叫杨儒卿。这人表面上文质彬彬，一副儒雅的样子，暗地里却是个贪得无厌，专门搜刮民脂民膏的家伙，人们背地里叫他"杨剥皮"。

这"杨剥皮"认不得几个字，却又好充斯文。这一年中秋节，县衙门前开灯会，百姓们制了不少灯谜，挂在路边。杨剥皮说是与民同乐，也来猜灯谜。有人特地拉他去看一副灯谜：

本非正人，装作雷公模样，却少三分面目；
惯开私卯，会打银子主意，绝无一点良心。

这副灯谜要人们猜两个字，杨剥皮怎么也猜不出。而猜得出的人也不敢告诉他，只能暗暗好笑。

原来，这"非正人"就是单人旁"亻"。"装作雷公模样，却少三分面目"是"需"字，因为"需"与"雷"相近，所以说是装作雷公模样。而"面"字如果少三横就是"而"字，这上联组合起来就是"儒"字。

再说"惯开私卯"，也就是将"卯"分在两边。"会打银子主意，绝无一点良心"，指的是"卿"字当中的"艮"字和"卩"字。这下联组合起来便是"卿"字。

这样，上下联所猜字的谜底就是"儒卿"二字，也正是杨剥皮的名字，而整个谜语是对杨剥皮的恶行的揭露和痛斥。

一字一世界

需人照顾的儿童——孺

rú 孺

小篆

孺 隶书

孺 楷书

小篆的"孺"字是个左右结构的形声字兼会意字。左边的"子"字作形符，表示跟孩子、子孙有关。"孺"字右侧的"需"字读"xū"，作声符并会意。

"子"字与"需"字组合，指还需要人照顾的孩子。因是讲需要人照料的孩子，这跟孩子有关，所以古人用"子"字作"孺"字的形符。

古人为什么用"需"字作"孺"字的声符呢？

甲骨文的"需"字是个会意字。当中是个"人"字，人的身上有水滴下来，表示"人在沐浴"之意。古代主持祭祀等礼仪的人，在主持礼仪前要沐浴斋戒，以示敬重。金文将"水"变成了"雨"。小篆将下边的"人"形变成了"而"，隶变后的楷书写作"需"。

"需"字的本义指"司礼之人斋戒沐浴"。后引申指"等待"和"需要"、"需求"及"读书人"等义。"孺子"指小孩，幼儿。他们还不能独立生活，需要父母及成年人照顾，还要等待他成长，所以古人用"需"字作"孺"字的声符并会意。

楷书的字形由小篆演变而来，写作"孺"。

"孺"字的本义指"儿童、孩子"。如：小孩子称"孺子"，称"黄口孺子"；年轻人有出息，可以把本事传授给他称"孺子可教"。"孺子牛"一词出自《左传》。春秋时期，齐景公与儿子嬉戏，景公叼着绳子当牛，让儿子牵着走。后人用"孺子牛"比喻甘为人民大众服务的人。古代尊称妇人为"孺子"；儿童和妇女称"妇孺"。

"孺"和"孺子牛"

"孺"字指小孩子。人们常用子孙满堂、儿孙绕膝、含饴弄孙这些美好的词语,来形容家庭和睦,美满幸福,以及老人安享晚年,天伦之乐。可有一个词他们往往想不起来。其实"孺子牛"这三个字是最典型、最生动形象地描绘父子嬉戏、尽享天伦的词句。

距今大约五百多年前的春秋时期,齐国国君是齐景公。他即位时,朝政昏暗混乱,大兴土木造宫殿,百姓税赋沉重,王室奢侈无度,百姓怨声载道。后任用晏婴为相,朝政才渐渐好转,国力才逐步强大,这时的齐景公才安下心来,过清闲日子。

齐景公有个儿子叫荼(tú),年龄幼小,牙牙学语,活泼可爱,齐景公对他十分喜爱。

孩子偶尔出宫,见田里牧童骑牛,见街上有人骑马,回到宫里,这孩子要骑在景公背上将他当牛骑。景公百依百顺,也顾不得国君的尊严,趴在地上当牛,让儿子骑在背上,他两手当牛的两条前腿,两膝跪地上并行,当作牛的后腿,如同老牛般,手脚并用,在屋子里四处爬行。孩子善于模仿,他见牧童放牛,手里牵根绳子,另一头扣在牛鼻子上。他也要来一根绳,让景帝衔在嘴里用牙咬紧,他一手牵绳,一手拍打景帝的屁股,吆喝着,赶他快走。孩子乐得哈哈大笑,景帝虽牙齿咬着绳子,也"呼哧呼哧"地笑个不停。

真是乐极生悲。孩子手舞足蹈,身子一歪,从景帝背上摔了下来,手里的绳子用力一位,这不打紧,将景帝咬着绳子本就松动的牙齿,连根拔了下来,顿时满口鲜血……

孩子吓哭了,景帝却忍着疼痛,安慰宝贝儿子……

这一幕父子同乐图,便是"孺子牛"一词的出典。"孺"指幼儿;"孺子"指小孩儿;"孺子牛"比喻甘心为孩子当牛做马。这个词本有对孩子溺爱之义,有点贬义。近代大作家鲁迅将"孺子牛"用于诗中,写出了名句:"横眉冷对千夫指,俯首甘为孺子牛。"这样,"孺子牛"三字便赋予了新义,《现代汉语词典》中的解释,说是用以比喻"甘愿为人民大众服务的人",这下这个词就成了褒义词。

一字一世界

双臂抱婴儿喂奶——乳

rǔ 乳

甲骨文

小　篆

乳
隶书

乳
楷书

　　古代的"乳"字，由"爪"字和"孔"字组成。这是个象形字，好似一幅图画。画面上，一位母亲用手（即爪），把婴儿（即子）抱在自己胸前（即乚），使乳头之孔，对准婴儿的小嘴（也可看作是孔），正哺以乳汁。从画面上可看出，"乳"字既指乳房，也指乳汁。

　　"乳"字的本义指"喂奶"。如：奶妈称"乳母"；专门饲养的一种产奶的牛称"乳牛"；用乳汁喂称"哺乳"。"乳"字由本义引申指"分泌乳汁的器官"，如：人和哺乳动物所特有的哺乳器官称"乳房"。还有乳头、乳腺、乳罩等都含此义。

　　"乳"字由"器官"这层意思引申指"奶汁"，如：乳汁、炼乳、水乳交融。

　　"乳"字由"奶汁"引申指"像奶汁的东西"，如：乳化、乳剂、乳胶、乳酸、乳糖、豆乳、蜂乳、腐乳、胶乳。

　　"乳"字由本义又引申指"生殖"，如：孳乳。

　　"乳"字由"生殖"又引申指"初生的"。如：初生儿的牙齿称"乳齿"；小名也叫"乳名"；吃奶的孩子称"乳儿"；柔嫩的初生的芽儿称"乳芽"；"乳臭未干"，指年幼无知，嘴里的奶腥气还没消失。

母亲的"乳"汁

杨先生生于1942年，日本侵略军在中国烧杀抢掠，战火也蔓延到了苏北平原的马家荡。鬼子下乡扫荡了，全村人只好逃进茫茫无际的芦苇荡。

母亲抱着三个月大的儿子，在芦苇丛中熬了两天两夜，没吃没喝。为了使孩子有奶喝，母亲除了喝水，还大口大口地嚼芦苇根、摸小鱼小虾生生地吞咽下去。她不是为了自己活命，她要为儿子催生奶水。

孩子喝足了奶，甜甜地睡在妈妈的怀抱里。醒来后，肚子又饿了，妈妈干瘪的奶头已挤不出一滴乳汁，孩子便哭了。孩子的哭声，会引来日本鬼子的机枪扫射。母亲是个深明大义的人。她抱着儿子，离开村民到另一块地方躲藏，但孩子的哭声还是引来鬼子的枪声。她中弹倒在水坑里，临死时，她双手高举着儿子，将他托出水面，儿子被人救起，而她却长眠在淤泥里。当地人知道她的用心，为她在岸边建了座墓。她的儿子是喝百户人家的奶水长大的，他就是今天的杨老。

说到这儿，杨老从书籍中抽出一篇《陈阿尖的悔恨》说："这则民间故事，在苏南一带广为流传。相传陈阿尖是明末清初无锡人，从小受父母溺爱偏袒，最终成了江洋大盗，被斩首示众。临刑前，他提出要见母亲一面，并要母亲让他再喝一口奶。当泣不成声的母亲撩起衣角时，他狠命地咬下了母亲的乳头，说是因为母亲的溺爱，才使他落得今日下场……"

杨老问小周："你认为陈阿尖咬掉母亲乳头的理由存在吗？羔羊跪乳、乌鸦反哺，动物尚且如此，万物之灵的人，能这样对待用乳汁喂养他的母亲吗？陈阿尖最后的疯狂，只能说明他的凶残，你能说他是悔悟了吗？他不自我反省，反而把一切罪恶归结到母亲身上，这说明他愚蠢，这也是这个故事的败笔。不管这个故事有多传奇，我们绝不能向孩子播洒对母亲的凶残与仇恨。"

杨老的一席话，引起了小周的深思。

手持蚌壳锄草——辱

rǔ 辱

甲骨文的"辱"字写作"蓐",省去草字头后写作"辱"。小篆的字形由甲骨文演变而来并使其整齐化。隶变后的楷书写作"辱"。

"辱"字是个上下结构的会意字。上面的"辰"字是"蜃"字简省的写法,这个字读"shèn",就是"海市蜃楼"的"蜃",本指一种大蛤(gé)蜊。这是一种软体动物,长约三厘米,壳卵圆形,生活在浅海底。蛤蚌外壳坚硬,先民们用它的壳制成除草的农具。"辱"字下面的"寸"字表示手,指"用手持蚌镰耕作锄草"之意。

古代重视农田耕作。误了农时,耽搁了耕作大事,有杀头之罪,所以"辱"字引申指"羞耻"之义。"辱"字的本义指"持蚌壳除草",后引申指"农田耕作"。这个意思被后起的"耨"字所取代,这个字读"nòu"。"辱"字就假借指"羞耻"。如:名誉上受到损害称"耻辱";做了可耻的事也称"耻辱";受到压迫和侮辱称"屈辱";光荣和耻辱称"荣辱";耻辱和侮辱,或使其受耻辱称"羞辱"。

"辱"字由本义引申指"使其受到羞辱"。如:污辱漫骂称"辱骂";有负上级使命或他人的嘱咐称"辱命";使其蒙受耻辱,遭到玷污称"辱没";欺凌侮辱称"凌辱";欺侮、羞辱、使其蒙受耻辱称"侮辱";用刑罚摧残、凌辱称"刑辱";使其受挫折和侮辱称"折辱"。

金文
小篆

隶书
楷书

乘龙快婿十分完美——辱

徐文才店里的小伙计王升，句容黄梅桥人。他跟同村李姑娘青梅竹马，情投意合，双方家长也点头认可。李姑娘的妈妈请了位测字先生测字，没料到，摸到个"辱"字。这测字先生连连摇头，说这"辱"字是个凶字、恶字，凭"辱"字求测婚姻有辱门庭。还说这"辱"字拆开是"辰时无日，昏天黑地"，又说凭"辱"字测未来的女婿，虽有乘龙快婿的意思，但这条龙只有一寸大小，简直连条小蚯蚓都不如……总之，这婚事不吉利。小伙计为此急得团团转，求徐文才帮忙。徐文才叫小伙计将女方父母带到南京夫子庙来，请胡大师测"辱"字……

胡铁嘴听罢，手捻胡须，点头说："明白了。"

第二天，小伙计带着女方父母来了。胡铁嘴故意说："字袋里摸个字吧，我以字说事。"

李姑娘的父亲从怀里摸出张纸，上面写着"辱"字。胡铁嘴接过来，看了好一会儿，赞道："好哇，好哇！上面是辰巳午未的'辰'字，正是日出之时，阳光满天哪……"

李姑娘的父亲小声问："不是说辰时无日么？"

胡铁嘴反问道："辰时是上午八九点钟，此时无日，难道到天黑才日出？"

李姑娘的父母听了，心中暗喜，又问："我们想问问，将来找的女婿可有出息？"

胡铁嘴摇头晃脑，盯着"辱"字说："这'辱'字上为'辰'字。按十二生肖来说，辰为龙。你求测嫁女之事，找的就是乘龙快婿呀！这'辱'字下为'寸'，十分为寸，这就是说，这乘龙快婿十分完美啊。"

李姑娘的父亲不放心地问："我也识得'辱'字，下面的'寸'字只有一寸之长，连蚯蚓都不如啊？"

胡铁嘴假作生气地说："测字哪有这般死板的？若全按原字来测，'里'字就是一里路长啰！字里乾坤大，一字一世界，全在测字先生的眼力和阅历能不能看得准啊！"

几句话，说得两位老人乐颠颠地走了。

箭头刺入物体

rù
入

甲骨文

金文

小篆

入 隶书

入 楷书

甲骨文和小篆的"入"字是一个象形字。古代弓箭的箭头是尖的,像"入"的形状,所以人们就取弓箭箭头的形状来表示"入"这个字。

弓箭的箭头为什么要做成这种形状呢?很明显,这种尖头的形状更容易刺进物体里,所以"入"的本义也由此而来,是进入的意思。

在现代汉语里,"入"字也有"进入"的意思,如:入冬、入口、投入等。

"入"字由本义引申到"参加进某种组织中,成为它的成员",如:入学、入团、入伍等。

入不敷出、量入为出中的"入"是"收入"的意思。

入时、入情入理中的"入"是合乎的意思。

唐·虞世南《淳化阁帖》

唐·颜真卿《裴将军诗》

宋·米芾《草书帖》

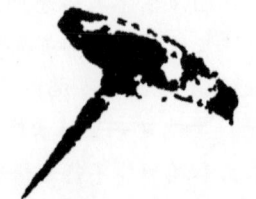

元·康里子山《李太白诗卷》

"入"能回首便成人

鸦片是毒品，一旦吸上瘾，很难戒掉，而且越吸毒瘾越大，最后瘦得人不像人，鬼不像鬼，落得家破人亡，倒毙街头的下场。鸦片，不知害了多少中国人。

民国初年，在北京一家鸦片馆前，一位有识之士在大门两边贴了一副对联：

> 因火成烟，若不撇下终是苦；
> 官舍为馆，入能回首便成人。

这副对联，在技巧运用上可谓炉火纯青，天衣无缝。它运用了嵌名法和拆字法。所嵌名为"烟馆"。这个"館"字是异体字，也就是"馆"字。所拆的字为四个。"烟"字拆为"因"、"火"。"館"字拆为"官"、"舍"。这两个字一看就明白，没有什么妙处。

最令人拍案叫绝的是拆开"苦"字和"入"字。

上联的"若不撇下终是苦"，就是说"若"字不把那一撇撇下，只能是"苦"字。而"撇下"又是一句双关语，指的是扔掉那一杆夺命的大烟枪。这是何等的形象生动啊！

下联的"入能回首便成人"，就是说如若下决心戒掉烟瘾，便能重新做人。"入"字与"人"字就在头部略有不同。"回首"二字，既指大烟鬼醒悟仍能成人，也指"入"字回过头便是"人"字。

这副对联，用巧妙的构思劝诫吸鸦片的人改邪归正，既有高超的艺术性，又有深刻的思想性，令人百读不厌，回味无穷。

在近代对联中，此联当算佳作。

花朵中间部分——花蕊

ruǐ
蕊

小篆

蕊 隶书

蕊 楷书

　　古代的"蕊"字，是个上下结构的形声兼会意字。上面的草字头是形符，表示跟花草树木有关。下面三个"心"字组成的"惢"字是声符，读"suǒ"。

　　"蕊"字的本义指"花心"，如雌蕊、花蕊、石蕊、雄蕊。

　　古人为什么用草字头作"蕊"字的形符呢？因为花心所吐的细丝如细草，所以"蕊"字用草字头。为什么用三个"心"字的"惢"字作声符呢？因为三心表示花朵的心儿多，所以"蕊"字以"惢"字作声符并会意。

　　也有人认为，"蕊"字是个会意字，由草字头和"惢"字组成。草字头是形符，表示与草木有关。"惢"字是声符，读"ruǐ"。"惢"字三个心，本义指"多心"。多心就是多疑。在这儿，指花心，即花朵的中间部分。本义指"花蕊，即花的中心部位"。

　　以上两种说法其实是一致的。

　　"蕊"字是个合体字。楷书的形体是由小篆演变而来的。

　　"蕊"字读"ruǐ"，第三声，有人读作"ruì"，还有人读作"芯（xīn）"。"芯"是去了皮的灯心草，俗称灯草，跟"蕊"字是两个字。

猜谜高手——蕊

苏北盐城开往上海的公路上，有个罗桥镇。这小镇地处十字路口，上下旅客多。镇上新来了位四川女子，为人泼辣干练，在路边开了家小茶馆。新店开张，她贴出告示，凡来客留下字画墨宝的，一年内免费喝茶。有猜谜高手留下佳作的，一月内免费喝茶。

这天，四位老人结伴而来，老板娘忙上前接待。四位老人不忙落座，第一位老人自报家门："我姓'一个据点一道墙，开个口子在中央，下边来了孔夫子，拽得耳朵长又长'。"

老板娘笑道："郭大爷请坐，谢谢您送来佳谜。"

郭大爷坐下，第二位老人说道："我姓'左边加一是一千，右边减一是一千，不加不减也可以，其中还有人一千'。"

老板娘端上茶，笑道："任大爷请坐，用茶。"

任大爷坐下，第三位老人说道："我姓'一半在水里，一半在半空，一半凉丝丝，一半热烘烘。两者长相处，故乡在山东'。"

老板娘端上茶说道："鲁大爷请用茶。"

鲁大爷坐下，第四位老人乐呵呵地说："我姓'一边绿来一边红，绿的喜雨红喜风，红的喜风最怕雨，绿的喜雨怕大风'。"

老板娘献上茶，说道："秋大爷请坐。谢谢四位老人家为小店捧场，请慢慢用茶。"

秋大爷坐下，转身问老板娘："敢问大姐怎么称呼？"

老板娘说道："四位大爷留下佳谜，我也借谜相谢。我姓'一颗豆儿不作声，一把黄土头上顶。看看好像缺什么，三把刀子旁边撑'。"

四位老人同声说："啊，彭大姐。芳名呢？"

女老板回答道："我的名儿压根就一个字。'此字生得怪，头上用草盖，九粒红豆子，三根豆芽菜'。"

四位老人一商量，猜出女老板名叫"彭蕊"。

王居门中——闰

rùn
闰

小篆的"闰"字，是个上三包围结构的会意字。由"门"字和"王"字相组成。"门"字在外面，"王"字在"门"内，很明显，这是指"王"居"门"中。这是古时的告朔之礼。每逢闰月，国王要在祖庙门中央处理公事。"閏"字后简化为"闰"。

"闰"字的本义为"闰月"。

现代科学已证明，地球公转一周的时间为365天5时48分46秒。阳历把一年定为365天，所余的时间约每四年积累成一天，加在二月里。农历把一年定为354天或355天，所余的时间约每三年积累成一个月，加在一年里。这样的办法，在历法上叫作"闰"。

阳历有闰日的一年叫"闰年"，这年有366天。

农历有闰月的一年也叫"闰年"，这年有十三个月，即383天、384天或385天。

阳历四年一闰，在二月末加一天，这天就叫做"闰日"。

农历三年一闰，五年两闰，十九年七闰。每逢闰年所加的一个月叫"闰月"，闰月加在某月之后就称闰某月。

閏 小篆

閏 隶书

闰 楷书

一家之主，拿定主张——闰

旧时代，许多有名的测字先生，他们虽以此谋生，但在测字时，也是有道德底线的。测字一般以拆解字为依据，尽可能迎合求测者的心理，把话往好处说起到安抚作用。他们不把话说绝，模棱两可，留有余地，起一点心理辅导作用。

这天，南京夫子庙文德桥头摆测字摊的胡铁嘴，迎来一位多年不见的同乡闵老二。此人也年近七十了，他坐下，掏出预先写下的"闰闺秀"三个字说："胡大爷，这是我老伴的名字。这两年她一直病歪歪的，近日又卧床不起，家里钱也耗光了。你测测看，她还能活吗？"

胡铁嘴问："你给她测哪个字？"

闵老二说："随你。就测'闰'字吧。测姓好。"

胡铁嘴边提笔写"闰"字，边笑道："闵二爷呀，你夫妻俩一个姓'闵'，一个姓'闰'，现在你叫我给她定生死，你把我当成阎王老爷啦！你姓'闵'，今日却是挑'闰'字求测，这是以'文'换'玉'啊。"

闵老二一时没听懂。胡铁嘴讲解给他听："'闰'字里的'王'字可当做'玉'字。你今日用弟妹的'闰'字来测生死。'门'字里的'文'字换成了'玉'。'玉'是白色。白色是素色，逢丧才穿素色，这是不祥之兆啊！再说这'闰'字里的'王'字，是'圭'字去了头，有'土'字之象，这也不吉利啊！"

闵老二急得站起来，追问道："她究竟是死是活呢？"

胡铁嘴正色告诫道："兄弟，一日夫妻百日恩，你俩患难相交五十年，今日她有病，你只关心她死期，何不想到继续为她治病，往好处想呢？我上次见到她，气色尚可，只是慢性病而已。在我看来，砸锅卖铁也得给她治病。测字求签，只能猜一个结局，哪及医生看病呢？"

闵老二犹豫不决。胡铁嘴提醒道："'闰'字里你的'王'字，本有'天子居宗庙，闰月居门中'之义。居门中为王，'王'字加点为'主'。你是一门之主，这种事你要拿定主张，勇于担当，否则要你这个丈夫有何用！"几句话，说得闵二爷满脸羞愧地走了。

水能滋润万物

rùn
润

小篆
润 隶书
润 楷书

　　古代的"润"字，是个左右结构的形声字兼会意字。左边的三点水是形符，表示跟水有关，右边的"闰"字是声符，读"rùn"。两形合一，指水能滋润物体。

　　古人为什么用"闰"字作"润"字的声符呢？这就先得弄明白"闰"字。

　　古代的"闰"字是个会意字，由"王"和"门"两部分组成，意思是指王居于正室门中，此时正是闰月。阳历一年约365天，阴历一年约354天，为使阴历阳历每年的时间相等，就需隔一段时间增加一个月，这个月叫做闰月，以弥补阴阳历每年所差出来的天数。这就是我们所说的"闰年、闰月、闰日"。

　　由此可见，"闰"字有"多余、额外增益"的意思。

　　水是万物滋润不可缺少的，所以"润"字以水为形符。"闰"字有"滋溢、增益"的意思，所以用它来作"润"字的声符并表意。

　　"润"也指"利益、好处"，如：利润、分润。

　　"润"字假借指"潮湿、不干燥"，如：红润、湿润。由此引申指"加油或加水，使之不干燥"，如：润肤、润嗓子、润肠、浸润。

　　"润"字假借指"使文字有色彩"，如：润色、润饰。还假借指"细腻光滑"，如：润滑、滑润、细润、圆润。

　　"润"还指"请人作诗文书画所付的报酬"，如：笔润、润例、润资等，跟当今所说的稿酬差不多。

大门内外一片汪洋——润

　　南京夫子庙文德桥有位测字大师，名叫胡铁嘴。此人懂中医，识草药，但最钟情测字解字。有人请他出诊治病，他都一口回绝："先测字，再谈病。我以测字为生，不以治病糊口。"

　　这天，家住润德里的闵小五子，两眼泪汪汪的来找胡铁嘴，求他到家里去看看生重病的妻子。润德里紧靠夫子庙，抬脚就到。闵小五子的父母跟胡铁嘴是老弟兄，这事儿推托不得。胡铁嘴让半步，说测了字再去。

　　闵小五子问："测什么字？"

　　胡铁嘴轻声道："我问你哪！"

　　闵小五子挠挠头皮说："就测'润德里'的'润'吧。"

　　胡铁嘴让他坐下，提笔写了个"润"字说："五子呀，按理说，这'润'字并不凶险，可你今日一副苦命相，两眼泪汪汪，这一来，字相就变了。这'润'字在我眼里，是大门内外，一片汪洋。你看，'门'外是水，'门'内是'王'，'水''王'相合为'汪'，汪洋大海，无处躲藏啊。再往坏处说，这'润'字可解为'隔门大哭'。何以见得？门外三点水加上门内'王'字，是犬汪汪叫声，这些都是不祥之兆啊。"

　　闵小五子听了，泪如雨下，叹息道："她嫁到我家，才五年多点，一直病歪歪的……"

　　胡铁嘴说："五子，我是看着你长大的啊。你姓闵，却偏偏要测'润'字，来时还泪水涟涟。去掉水旁，'润'字剩下'闰'字。'闵'与'闰'同门，但门内可不一样啊。'闰'为'王'，可作'玉'解，这是以'玉'换'文'。玉者，素也，为白色；文者，采也，彩色，以素易文，乃逢丧事着素服之凶象。再说'闰'这个字，当中的'王'字是'圭'字去掉了头，这就是'闰'中不足啊。不仅如此，'闰'字里的'王'字有一土之象，这也不吉利啊。由这几方面来占测，你夫人的病恐难治好，我也回天无力啊。"

　　这番话，说得闵小五子伏案而泣，胡铁嘴也陪着落泪。

梳理头发使其顺——若

ruò 若

甲骨文

金文

小篆

若 隶书

若 楷书

　　甲骨文的"若"字是象形字，这个字有两个来源。一个字形像一个人用右手在择菜或择草的样子。

　　另一个字形像一个跪坐着的人，举着双手要梳理头发，使头发平顺，不乱糟糟的。

　　金文的字形由甲骨文演变而来，大致相同，只是在梳头发的跪坐之人旁边加了个义符"口"字，表示此人一边在梳头，一边口中应诺，表示答应一件所问的事。

　　小篆的字形由金文演变而来，使其整齐化，但将跪坐之人的头发写成草字头了。将"人"字与"口"字变为"右"，这样就将甲骨文和金文两种字形合并为一，并分化出一个"诺"字。隶变后的楷书分别写作"诺"字与"若"字。后来又多了个表示答应的"喏"。

　　甲骨文的"若"字，不管是跪坐之人理顺头发，还是伸出右手择菜择草，都有"理顺，使其不乱"的意思，所以"若"字的本义指"理顺"。

　　"若"字由本义"理顺"，引申指"顺从"。因"顺从"又引申指"柔顺"。因甲骨文的"若"字有择草、择菜之义，所以"若"字又有"选择"之义。但以上这些意思都消失了。"若"字后来假借指"假如、如果"，如：若是、倘若、如若、假若、若非、即若。

　　"若"字又假借指"好像、似乎"，如：若有若无、若无其事、若即若离、若明若暗。

　　"若"字还假借指"你"，如：若辈（即：你这一辈）。

　　"若"字是个多音字。读"rě"时，指"般若（bō rě）"，这是佛教用语，意思为"智慧"。

以"若"字测来信

一天,一位名叫张若江的送信人,给张官德送来一封信。他仗着与张官德同乡同姓,竟提出个非份要求:"久闻先生测字如神,但耳听为虚,眼见为实。我今日为先生送来一封信,暂不让你看,你能否测个字,说出此信是何人写来,谈何情?"

张官德点头道:"看在你常为我送信,且又是同乡同宗的份上,就为你测个字吧。请出字。"送信人说:"在下姓张,名若水,就测'若'字。"

张官德提笔写了个大大的"若"字说:"这'若'字在一般人眼中看似像'苦'字,一副苦命相,其实不然,它当中一撇像把刀横砍下去,把"若"字拦腰砍断了。在我眼中,这'若'字是'萬'字头,'有'字腰,'信'字尾。由这字相来看,是姓'萬'的人家写来的信。"

张若江心中暗暗惊叹,忙问:"信中谈何事?"

张官德指着"若"字道:"这'若'字上面的草字头有童蒙之相,下面的'口'字有吹嘘举荐之意,想必是谈邀我到'萬'家教私塾的事。"

张若听了,更是吃惊。问:"你怎么知道写信人姓萬?"

张官德解释道:"我以'若'字是草字头口字底而断之。这有'萬'字形。"

张若江又问:"你怎知道是教蒙童读书的事?"

张官德道:"'若'字当中一横一撇像'大'字。写信人有心要我教他大儿子,再教他小儿子。而我自己呢,一边教蒙童识字,还教他大儿读书备考,我自己呢,还得准备科考,所以很是辛苦。由此可见,这'若'字的苦相根深蒂固,一刀还劈不尽呢。"

张若江又问:"你说'若'字是草字头,故而想到姓萬的,那么,姓黄的也是草字头,而你为何不提姓黄的、姓范的、姓荣的、姓葛的、姓蒋的这些人家呢?"

张官德说:"姓萬的去年曾跟我提过这件事,故我想到他。"

张若法将信交与张官德,打开一看,信中所说,果如张官德所测。

弯曲像弓 柔**弱**如羽毛

ruò
弱

小篆的"弱"字是个象形字，字形像两缕柔软屈曲飘动的缨穗形。隶变后楷书写作"弱"。

也有人认为，小篆的"弱"字是个会意字。两个并排的"弓"字下面都有两点，这两点表示这张弓不硬，弓的力度不强，有"弱"的意思。

还有一种说法认为，小篆的"弱"字是个会意字。由两个"弓"字和"彡"字组成。"彡"读"shān"，本为鼓声的符号，后指毛饰画文。在这儿指羽毛。指木头弯曲得像张弓，柔细得像一根根羽毛。羽毛是很柔弱的，所以"弱"字的字形指"柔弱、软弱"。

楷书的字形由小篆演变而来。隶变后写作"弱"。

"弱"字的本义指"柔弱"，如：瘦弱、薄弱。不健壮称"单弱"；胆小而软弱称"懦弱"；胆小懦弱称"怯弱"，也称"虚弱"。

"弱"字由本义引申指"年纪小"，如：弱冠、老弱病残。"弱"字还用来形容"经受不住挫折，不坚强、不稳固"，如：情绪"脆弱"。贫穷衰弱称"贫弱"。表示自己软弱称"示弱"，小而弱称"微弱"；使其变弱称为"削弱"。

弱 小篆

弱 隶书

弱 楷书

数人"弱"一个

刘半农是我国近代著名的文学家、教育学家、语言学家、江苏江阴人，辛亥革命后的"五四"时期，刘半农与陈独秀、胡适等人，大力推行白话文，他积极创作白话诗，并写白话歌词，让人谱曲。他在留学英国和法国后，获得博士学位，即回国任大学教授。在任大学教授期间，他与钱玄同两人，曾轮流担任《新青年》杂志编辑。在此期间，曾由钱玄同化名王敬轩，给《新青年》写信，强烈反对白话文，接着由刘半农写文章，严词驳斥这封信。两人一唱一和，一正一反，形似演双簧戏，一个台前，一个幕后，目的是鼓吹白话文。

跟刘半农亲密合作的，还有另一位伙伴，就是赵元任。赵元任也是位著名的语言学家，且是位作曲家。刘半农作词，赵元任谱曲，他俩合作创作过多首歌曲，一词一曲，也形似双簧，其中最出名的，当数"教我如何不想她"。

1934年夏，刘半农借暑假外出采风，不料在半途中染回归热病去世，时年仅四十四岁。赵元任写了副挽联挂在灵堂上。联曰：

> 十载奏双簧，无词今后难成曲；
> 数人弱一个，教我如何不想他！

上联开头一句"奏双簧"，就是指他俩一人作词，一人谱曲。后一句"无词今后难成曲"暗指刘半农已先他而去，从此他失去一位亲密的合作伙伴。下联首句"数人"，指当时一起搞语言研究、文学创作及作词作曲的一大批志同道合的朋友们。后一句"弱"字至关重要。在这儿，"弱"字有个特殊的含义是指"死亡"。"数人弱一个"指众多朋友中又有一个去世了。紧接着一句是"教我如何不想他"，既指二人合作的名歌，又借此表达对刘半农的怀念，一语双关，十分贴切。

这副对联，充分利用双关和典故等手法，还用两人合作的歌曲来抒情，达到了强烈的艺术效果。其中一个"弱"字，既避讳了让人恐惧的"死"字，又寄托了作者无尽的哀思。

用水洗污垢——洒

să
洒

甲骨文
金文
小篆
灑 隶书
洒 楷书

　　小篆的"洒"字是个左右结构的形声字。它的左边是"水"字，表示这个字与水有关。

　　值得一说的是"洒"字与繁体的"灑"字之间的关系。"洒"字的右边是"麗"字，后简化为"丽"，也就是今天常用的"美丽"的"丽"字。由此可见，"洒"字与繁体的"灑"字，原是不同的两个字。"灑"字本是形声字，三点水为形，表示与水有关。"丽"为声符，本义指"扫地之前，先在地上散布少量的水，以压住尘土"。后引申指"水分泼散在地或落在地上"，又引申泛指"大量又轻又小的物体分散地落下"，还引申指"人闲适自然，无拘束"。

　　汉字简化后，以"洒"为"灑"的简体字，字义也混同为一。

　　"洒"的本义是"用水洗净污垢"，如"洒扫庭院"，即打扫庭前阶下。

　　"洒"不仅指水，也指"使其他液体分散地落下"，如：洒水、喷洒农药、洒些麻油、洒泪而别。

　　"洒"也不仅指液体，有些东西散落也可用洒，如：洒了一地的米，芝麻洒在地上。

　　"洒"有"飘落"的意味，因此引申为"姿态自然，不拘束"，如：洒脱、飘洒、潇洒。

　　古代有的男子自称"我"为"洒家"，这在古典小说中经常看到，听来何等潇洒。

绝不喝洒

合肥有个嗜酒如命的人,外号就叫陈好酒,常喝得酩酊大醉。

这一年,他患了场大病,大夫诊治过后,告诫他从此不能再沾酒了,不然性命难保。陈好酒发誓再也不喝酒了。

为了表明决心,他回家后,特地写下了八个大字:"从今以后,绝不喝洒。"然后郑重其事地将条幅挂在自家客厅最醒目的地方。

几天后,他老婆过生日,亲朋好友上门庆贺,他忍不住又端起了酒杯。他老婆一看,脸马上就沉了下来:"你那条幅上写的可是绝不喝酒,现在怎么能出尔反尔呢?"

他嘿嘿一笑,说:"怪我怪我,我本来是想写绝不喝'洒'的,可不知怎么回事,竟在里面多写了一横。"说罢,一仰脖子,把一大碗酒灌进了肚子,然后对老婆说:"你看,一滴也没洒吧,我怎么会食言呢!"

用手抛洒散播——撒

sǎ 撒

小篆的"撒"字是个左右结构的形声字兼会意字。左边的"手"作形符,表示跟"手"有关。"撒"字的右边是"散"字,读"sǎn",作声符并会意。

"散"字与"手"字组合,指"用手将东西抛洒、散播"。因是指用手将东西抛洒出去,这跟手的动作有关,所以古人用"手"字作"撒"字的形符。

古人为什么用"散"字作"撒"字的声符呢?

小篆"散"字的本义指"由聚集而分开"。分开就有分散、散开的意思。由散开引申指"抛洒、散播、散落"等意思。这些意思,正是用手抛洒的"撒"字所要表达的,所以古人就用"散"字作"撒"字的声符并会意。

楷书的字形是由小篆演变而来,写作"撒"。

"撒"字的本义指"抛洒、散布、播散"。如:将农作物的种子均匀地撒在田地里称"撒播",也称"播撒",也称"撒种";将颗粒状的东西分散地向前或向上扔称"抛撒"。"撒"字是个多音字,读作"sā"时,表示"放、放开",如:说谎称"撒谎"。排泄小便称"撒尿";松手、放开手称"撒手";放开脚步跑称"撒腿"。"撒"字还表示"尽量施展或表现出来",如:撒野、撒泼、撒赖、撒刁、撒气、撒娇、撒欢等词。

撒 小篆

撒 隶书

撒 楷书

"杀手锏"和"撒手锏"

我们常在口语中听到，或是在古代小说中看到"撒手锏"和"杀手锏"这两个词。这是两个同音不同义的词，还是两个谐音词？

《现代汉语词典》对"撒手锏"的解释是：这是个名词，旧小说中指双方厮杀时出其不意地用锏投掷敌手的招数，比喻最关键的时刻使出的最拿手的本领或击中敌方要害的手段。也称"杀手锏"。

可见，这两种说法是一个意思，但以"撒手锏"为主，"杀手锏"次之。为什么这样说呢？

首先我们要弄明白，十八般兵器中，"锏"是个什么样的物件？有人将它归于鞭类，像长刀，但无刀刃；有四棱，上端略小，下端有柄。

"杀手锏"的意思指搏斗中突然用锏投向敌手的绝招，在危急时刻，万不得已拿出的最后一招。若这样说，"杀手"跟"锏"有何相干呢？"杀手"是执行暗杀任务的，武器要小巧灵活，便于藏匿。而"锏"属于鞭类，主要用于双方将帅在马上厮杀用，其长度较长，也很重。若用这样的大家伙去搞暗杀，也显得太张扬了。可见，"杀手"与"锏"没啥关系，是因"杀"与"撒"同音而误读造成的。而"撒手锏"正好用于两军将领在阵上交锋，突然有一方撒手投出"撒手锏"致对方于死地。

据说，"撒手锏"是隋末著名将领秦琼的拿手兵器。在《说唐》一书中是这么描写他使用"撒手锏"的："秦琼把枪右手横拿，将左手扯锏，执在胸前。华公义飞马赶来，举戟望秦琼后便刺，秦琼把枪反在背后往上一架，扭回身耍的一锏打去，把华公义的头都打得不见了，跌下马去。"这个就是使用"撒手锏"的现场实录。

还有一段描写秦琼使用"撒手锏"的："秦琼他的力量虽不如你，但他两根金装锏都会飞。我知他好朋友虽多，你却不可打他的朋友。你若打了他的朋友，他就飞起锏打你了。"

这句"飞起锏打你"，正说明了锏是撒手扔出去而飞的，这就是"锏"的特色。据说秦琼的"锏"镀金熟铜制成的，有一百三十斤重，撒手扔出去，其杀伤力可想而知了。

一字一世界

双手捧泥堵墙缝——塞

sāi
塞

甲骨文

金文

小篆

隶书

楷书

　　甲骨文的"塞"字是个会意字。上面的"宝盖头"表示房子。下面两个"工"字形，表示筑墙的"杵"（读chǔ，即捣泥的木棍）。再下面是双手，表示用双手持"杵"将窗户堵住。

　　金文承接甲骨文，在当中多加了两个"工"。小篆的字形承接金文。上面的"宝盖头"表示房子，下面四个"工"字像墙的裂缝，下面是双手，双手之间是"土"字，综合起来表示双手捧泥土填塞墙的裂缝。

　　楷书的字形由小篆演变而来，写作"塞"。

　　"塞"字的本义指"堵住"，如：堵塞、把门缝塞住。"塞"字由本义引申指"塞子"。如：小型的受话器称"耳塞子"；耳垢也称"耳塞"；不守秩序，插进排好的队伍中称"加塞儿"；堵车称"塞车"。塞住容器的口，使内外隔绝的东西称"塞子"，如：瓶塞子。

　　"塞"字是个多音字。读作"sài"时，假借指"边疆险要的地方"。如：我国长城以北，也指我国北边地区称"塞北"；边关称"塞门"。还有塞要、塞翁失马、边塞等词。当"塞"字读作"sè"时，由本义还引申指"堵住"，如：鼻塞、闭塞、阻塞、梗塞。又假借指"对自己应负的责任敷衍了事"，如：敷衍塞责。搪塞。

"塞"与"茅塞"

"塞"与"茅草"中的"茅"字相结合,组成"茅塞"一词,后来又发展成成语"茅塞顿开"。说来这里有两段历史故事。

孔子是春秋末期鲁国人。生于公元前551年。孟子生于公元前372年,是战国时期邹县人,即今日山东邹县。两人相距将近一百八十年。孟子继承发扬了孔子的儒家学说,著有《孟子》一书,被后世称为"亚圣",后人将"儒家学说"称为"孔孟之道"。

孟子有位弟子名叫高子,此人嘴上说要认真学习儒家学说,可行动上却三心二意,又改学别的学说。孟子对他这种不专心、不踏实的表现颇为不满。

这天,孟子对高子语重心长地说:"山径之蹊(xī)间,介然用之而成路,为间不用,则茅塞之矣。今茅塞子之心矣!"高子听了,羞愧难言。

孟子这段话的意思是:山上的小路,是因人们常常行走而逐渐形成了路。如果长时间没人去走动,那路就会被茅草堵塞了。现在茅草已将你的心堵塞了啊。后来就有了"茅塞"一词,意为被茅草所堵塞。

又过了大约六百多年,到了东汉末年,天下大乱,群雄四起,推翻汉朝。刘备也招兵买马,加入了起义队伍。他收罗人才,求贤若渴,经徐庶介绍,他三顾茅庐,去拜访诸葛亮。诸葛亮被他的诚意所感动,在自己隐居的隆中,与他彻夜长谈,分析天下形势,提出了许多高妙的对策,这就是著名的"隆中对策"。

刘备听了他对形势如此精辟精准的分析,心中对整个局势豁然开朗,他深受启发,兴奋不已,对诸葛亮更是佩服得五体投地,他发自肺腑地说:"先生之言,顿开茅塞,使备如拨云雾而睹青天!"

刘备这段话的意思是:先生您所说的这番话,使我茅塞顿开,我刘备如同拨开乌云浓雾看到了青天一样。

这样,就形成了今日的成语"茅塞顿开",也作"顿开茅塞"。"茅塞"用茅草堵塞了道路,来比喻人的思路闭塞,显得愚昧愚蠢又无知;"顿开",指一下子打开,立即就领会和理解了这些道理,解开了心中疑团。

一字一世界

二加一之和为三

sān
三

三 甲骨文
三 金文
三 小篆
三 隶书
三 楷书

　　古代的"三"字是指事字。甲骨文用三画来表示,金文相似,小篆整齐化。其间受"弌"字影响,加"弋"写成"弎"。隶变后楷书写作"三"。"弎"字,作大写。另外还有个"叁"字,也用作"三"字的大写。"三"字的本义指"数目字"。

　　"三"指"二加一之和"。应该说,汉字中十个数字,每一个都大有文章可做,都受到人们的喜爱。中国人偏爱"三"或三的倍数,自古皆然。

　　"三"字可作实数,毫不含糊,确实这么多。如:包修、包退、包换称为"三包",少一样要打官司的;三叉神经、三岔路口、三春、三伏天、三冬、三代、三角尺等也都是如此。

　　"三"字也可作虚数。"三"之数虽不多,但常用来指多数。也许远古时代人们活动范围及使用数量有限,数的概念不大,略知一二就可以了。"三"就成了大数,含有"多"的意思了。据说不仅汉字如此,拉丁文和英文、法文中也有类似情况。

　　古汉语中"三人行,必有我师",不仅仅指三个人;"孟母三迁",恐怕也不止三次;"三过家门而不入",也不止"三过";三令五申、三六九等、三番五次、三百六十行、三天两头、三头六臂、三心二意、三言两语、三灾八难,这里的"三"都是虚数。

　　自古以来,古人偏爱"三"的倍数。如孙悟空七十二变,唐僧西天取经要经过八十一难,水浒一百零八将,每年十二个月,二十四节气。佛教里有一百零八个烦恼,一百零八个菩萨,十八个罗汉……这些数字都是"三"的倍数。

　　我们读过不少古今中外的民间故事、历史故事、神话故事,其中三个公主、三个和尚、三兄弟、三个女婿、三次考验、三起三落、三上三下、三顾茅庐、三打祝家庄……都是事不过三。

　　"三"字也作姓氏用。

巧拆"三"字除心病

现代社会，人们物质生活和精神生活丰富了，男女之间的交往密切了，情感这事儿很难把握，于是便有了"第三者"这一词汇，简称"小三"。

却说苏北阜宁县水果种植大户吴荣喜，近日有了麻烦。他的儿子吴文俊，是个长相英俊、品行端正的好青年，去年娶了本村张家的千金张小兰。小两口在县城打拼，日子过得红红火火。不料近日张小兰怀疑文俊有了"小三"，两人不和，吴荣喜急得忙去找会测字、能帮人排忧解难的胡德先商量。

胡德先听罢吴荣喜诉说，心中有底了。他是看着文俊长大的，深知他的秉性。他也了解小兰，从小娇生惯养，受不得一点委屈。他如此这般吩咐一番，让吴大爷依计行事，叫小夫妻回家聚聚。

这天中午，老吴一家正上菜吃饭，胡德先"正巧"从门口走过，吴荣喜死拉活拽，硬要他坐下喝一盅。胡德先半推半就地坐下了。

几杯酒下肚，吴荣喜借酒壮胆地说起来，"德先，我不怕你见笑，小兰怀疑文俊在外有了小三，两人闹得不开心。你会测字，你就给我测个'三'字，看看是文俊真有外心还是小兰多心。"

胡德先呵呵地笑道："谁还相信测字啊。"

不料，小夫妻俩同声说："胡大爷，测吧，我们相信。"

胡德先蘸点酒写了个"三"字说："既然相信，我就说啦。这'三'字是说你俩真心实意，真心未露，都藏在内心哩。"

见众人不解，胡德先写了个"真"字说："真字里藏着'三'啊。"众人听了，都"啊"了一声。

胡德先说："还有呐，你俩都要做直率正直的人。不能有外心，也不能有弯弯绕起疑心。你们看，这'直'包着'三'字哪！"

吴荣喜嚷着说："那你就直说，他俩能不能一心一意，白头到老！"

胡德先理直气壮地说："这还用问？'三'字上面是'一'，中间是'一'，底下还是'一'。始终如一，一直到底，白头到老！"

这番话，说得全桌人都站起来干杯了。

数目字"三"的大写——叁

sān
叁

　　甲骨文、金文和小篆的"三"字都是指事字，用三画来表示数字。金文的字形大致相同，小篆使其整齐化。后来出现了个大写的"弎"字，大概是受"弍"字的影响，但这个"弎"后来被淘汰，"二"字的大写变成"贰"。原来"一"字的大写是"弌"，后来被"壹"字代替。"弎"字这个大写也被"叁"字所取代。

　　"叁"字本来除了写作"弎"，还写作"叄"，俗体字写作"参"，如今简作"参"。"参"字本来指"商量"，因其是明亮的三颗星，于是借用以表示"三"，俗写作"参"，今简化为"叁"。也用作三的大写。

　　"叁"字的本义指数目字"三"的大写。

　　若以小篆的字形来分析，"叁"字是个上下结构的形声字兼会意字。上面的字形是"参"字简省的写法作形符。下面的"三"字作声符，读"sān"。

　　"参"字表三颗明亮的星，故古人用来作"三"这个数词的形符。而"三"这个声符因其本身就是的数词三，所以用来作"叁"字的声符并会意。

　　楷书的"叁"字由小篆演变而来，写作"叁"。

　　叁字的本义是数目字"三"字的大写。

小 篆

隶 书

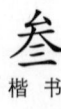
楷 书

有小"叁"将很惨

南京奇人郑可鉴，以钻研汉字，会测字解字闻名。他在自家的旅游公司当导游，与南来北往的游客交朋友，以此为乐，乐在其中。

这天，他带旅游团赴山东曲阜。在大巴车上，众人说说笑笑，好不开心。有位女游客问："郑导游，都说你会测字，真的假的？"

有人起哄："让他给你测个字，不就知道了？"关女士开朗地说："郑导，测个'关'字，关于我和我的先生恩爱相关的事。"

郑可鉴笑道："说出来你可别骂我呀！你这'关'字可怕呢。简体字'关'字是'夫'字出两个头，当心你的先生有小三，共有两个夫人啊。"

坐在后排一中年男子大声说："郑导，你给我测个大写的'叁'字，看我有没有小三，结果怎样？"

有人奚落道："你有没有小三，自己心里有数，还用人家测么？"

这人解释道："我要测测郑导测字水平呢。"

郑导在笔记本上写了个"叁"字高举着给大家看，一边说："没关系，开个玩笑嘛。以我猜测，这位先生有个小三跟着他，正在蜜月中；二是这位先生有个小三，遇到麻烦了，正在痛苦之中。三是这位先生曾有过小三，已在后悔之中。"

众人听了，齐声喝彩，说他分析到位，请他继续拆解。

这位先生坐不住了，站起身摊开两手说："看，我是单身汉啊！凭什么断定我有小三？"

郑可鉴指着"叁"字说："我以字说事呀，你看这'叁'字，一上来就是三角形，这个就是三角恋嘛！"

车厢里一片笑声。中年男子有些尴尬，但嘴上很硬，问："就算有，结果会怎样呢？"

郑可鉴半开玩笑半作正经地说："那我可给你发出警告啰！男女私情，不论是恋情、爱情还是情爱、情缘……凡此都离不开竖心旁。若是'叁'字加个竖心旁，就成了惨，因为'叁'字跟'参'字相似，小叁是后来硬参加进去的，后果很惨啊……"

中年汉子听了，脸儿发红，坐下不作声了。

sǎn
伞

遮挡雨雪阳光的伞

古代的"伞"字是个象形字，繁体字写作"傘"。"傘"字的字形是"伞"撑开来的样子。上面一个大大的"人"字，表示伞面，当中四个小写的"人"字是伞骨，用以将"伞"撑开来。当中一个"十"字是支架，用时可握在手中。"伞"在不使用时可收拢，成圆筒状，这样便于携带。据说"伞"是木匠的祖师爷鲁班发明的，这给人们的出行带来了方便。

"伞"字的本义指"车盖"，即古时支在车子上面，用来遮挡雨雪和阳光像篷一类的东西，后引申指"拿在手中用来挡风雨的用具"，也就是我们如今还在用的雨伞、阳伞。旧时用油纸、油布或布制成，现在大多用布或塑料制成。

现在，人们把形状像伞样的东西也称"伞"，如：降落伞、灯伞。用降落伞着陆的空降兵也称"伞兵"。

"伞"字也作姓氏用。

金文

小篆

伞 隶书

伞 楷书

《草书韵辨》

巧拆"伞"字解心结

民国年间,无锡清明桥下有个杨居士。此人信佛,以拆字为业。他广结善缘,慈悲为怀。有人上门拆字,他借谈话机会揣摩来人的心思,然后借字的含义劝导一番,为人排忧解难。用现在的话来说,他善于心理辅导,是个蛮不错的心理医生呢。

却说有一天午后,屋外下着小雨,一位年过半百的妇女,撑着把伞进来。杨居士认识她,她是南长街的周大嫂。丈夫有四个弟妹,父母病故后,是她将弟妹们抚养成人。弟妹们成婚后却忘了她的养育之恩,她心中不快,有了难解的心结。

周大嫂坐下,说:"我不识字,就拆手里这把伞的'伞'字吧。"

杨居士随手写了个"伞"字说:"'伞'字里有五人,上面一个大人,下面四个小人。大人好比你,长嫂如母嘛。你护着下面四个小人,四个小人紧紧相依,抱住这个'十'字。'十'字好比伞骨,抽去'十'字,伞就撑不开,变成废物。这'十'字又顶着你,让你高高在上。若是掉下来,大人会砸伤下面四个小人。你是大人,不能跟小人一般见识。你若跟小人怄气,你也便成了小人。五个小人挤在一起,上面没有了伞面,不能遮风挡雨,还成什么'伞'字?就像你们一家,没有当家人还成什么家?"

几句话,说得周大嫂心服口服。杨居士见了,又补充道:"'伞'字里头全是人,做人要做行善人。但行善事,莫问前程,好比一把伞,用时想到,不用时放到一边,伞却毫无怨言。一把好伞能为人遮风挡雨几十年,你为弟妹操劳许久,何不把好事做到底,将长嫂的责任尽到底呢?"

杨居士的一席话,把周大嫂的心结解开了。

由聚集而分开——散

sàn 散

"散"字是个形声字兼会意字。甲骨文的"散"字，左边是"林"，表示"麻"，作形符，表示跟麻有关。右边"攴"字读"pū"或"pō"，像手持刑杖棍棒形，会打击之意。作偏旁时有的写作"攵"。在这儿有"手持劈麻的刀，把麻皮和麻杆分开来"的意思。后来金文的字形也大致如此，指用刀剥麻皮，表示分开，所以"散"字的本义指"分开、分离"。

"散"字是个多音字。读作"sàn"时，指"由聚集而分开"，与'聚'字相反，如：散开、散会、散场、散伙、散落。散开后而失去，称为散失；分散地往下落称为'散落'；分散到各处称'散布'。

"散"字也假借指"解雇"，如：遣散。

"散"字由本义假借指"排除"，如：散步，指"随便走走，为使心情舒畅"。解闷儿称"散心"，也称"散闷"。

当"散"字读作"sǎn"时，由本义引申指"没有约束、放松、松开"。如：散光、散漫、散套、懒散、松散、散架了。由此又引申指"零碎的"，如：散工、散记、散装、零散、散兵游勇。

"散（sǎn）"字也作姓氏用。

出门带把油布伞——散

京剧是门高雅艺术，始创于清末年间。二百多年来，为广大人民所喜闻乐见，被称为中国的"国粹"。

翻开中国历史，你会发觉，20世纪30年代，是中华文化发展的成熟期，这一时期，京剧艺术也是空前繁荣，涌现了一大批京剧艺术家，他们把京剧艺术推到了顶峰。但日本发动侵华战争后，人民流离失所，民不聊生，还谈何艺术发展？京剧遭到了空前的灾难。大批剧团解散，演员流失，一些著名的琴师都沦为小商小贩……

却说北平有个一流的富连成京戏班子，这时也面临着散伙的尴尬局面。班主名叫叶春善，他每天为二三十人吃饭的事儿操心。他不得不靠变卖家产，典当手头值钱的小物件来维持生计。戏班里的演员琴师们，也明白当家人的心思，大家抱成一团，共度难关。叶春善每日念叨的一句话就是："咱哥儿们抱紧点儿，戏班不能散！"

"不能散"成了众人的口头禅。叶春善更是把"不散"二字刻在心底里，落实在行动中。为了表示他"不散"的决心，他每天出门时，不管天晴还是阴雨，他都要带把油布伞。外人不解其意，但戏班里每个人都明白：老爷子此举，是借"布伞"二字与"不散"谐音，以表示他与命运抗争的决心。

枝繁叶茂的桑树

sāng 桑

甲骨文

小篆

桑
隶书

楷书

甲骨文的"桑"字是个象形字，字形像一棵枝繁叶茂的"桑树"。这种树属落叶乔木，树皮有浅裂，树叶呈卵形，黄绿色，树叶可用来喂蚕。嫩枝的韧皮纤维可造纸。果实味甜可食。嫩的桑枝和根的白皮及果实均可入药。

古代，我国劳动人民就用桑叶喂蚕来抽丝织绸，并向外输出。这就是古代横贯亚洲的交通道路，亦称"丝绸之路"。如此说来，这源头乃出自这"桑"字。

在小篆中，"桑"字是个会意字，它由三个"又"字和一个"木"字组成。三个"又"字重叠在一起为"叒"，读"ruò"，像桑树叶子重叠的形状。下面的"木"字表示树木。"桑"字的本义指桑树，也指桑叶。

也有人认为，古代的"桑"字是个会意字，由"木"字和三个"又"字组成。这三个"又"字不是表示重重叠叠的桑叶，而是表示许多手在摘桑叶。因为古代的"又"字表示手。在这儿，表示桑树叶可以养蚕。本义指桑树，如：桑蚕、桑树、桑田、桑叶。

桑树和梓树是古人住宅旁边常栽的树木，人们看到桑树与梓树，容易想起种这些树的父母，后人用"桑梓"来借指故乡。

桑榆暮景，指落日的余晖照在桑榆的树梢上，比喻老年时光。

桑田沧海，也称沧海桑田，指大海变成农田，或农田变成大海，比喻世事变化巨大。

生"桑"梦的传说

有本古书叫《益都耆旧传》，已不知何人所著。这是本笔记小说，里面讲了许多神奇的鬼怪故事，其中一篇，跟桑树有关。

晋朝时候江宁有个读书人名叫何示生。这人体质较差，睡眠不佳，夜里常做噩梦，有时竟然被自己的梦吓得尖叫起来，常害得全家睡不安稳。

这天夜里，何示生又做了个噩梦。他梦见家门口那棵桑树，竟然换了地方，长到后院井里去了。他甚为惊奇，便到善于圆梦的名家赵直府上求教，请他测测吉凶。

赵直听何示生说完梦境，又见他面色苍白，额头虚汗直冒，心中便有了底儿。他直截了当地说："先生，恕我直言，此梦凶多吉少。你想，这桑树扎根田地，长在屋外，实非井中之物。现在长在井中，有悖情理。桑字四十八，我想，先生寿命，恐怕不会超过此数。"

何示生一听，不由大吃一惊，问："先生何以下此断论？"

赵直说："桑字下边是'木'字。'木'字拆开是十八。'桑'字上面是三个'又'。这三'又'可看成三个'十'字。三十加十八便是四十八。'桑'字代表四十八这个数字。而'桑'与'丧'同音，所以我敢断言你只能活到四十八岁。"

赵直这番话，把何示生吓个半死。后来，他闷闷不乐，愁眉苦脸，真的在四十八岁那年病死了。据说，后人根据这个记载，就用"生桑梦"一语来比喻死期将至。

其实，用现代科学观点来看，这何示生是被赵直吓死的，跟梦见桑树毫不相干。

众口哭于桑枝下——丧

sāng
丧

金文
小篆
隶书
楷书
丧

说来甲骨文的"丧"字很复杂，但很有趣味性。

甲骨文的"丧"字是个会意字。今日的"哭"字，是"丧"字的简化字。原先的"丧"字四周各是一个"口"字，当中是棵桑树的形状，表示"众人张口哭于桑树之下"。古代丧事用桑树枝作标志，故古代有"宅后不种柳"，宅前不栽桑"的风俗。就是因为"桑"字与"丧"字同看，被视为不吉利。后来由于"丧"字表意侧重点不同，于是分化为不同的字形。

金文将甲骨文的桑枝简化，一种字形写作"喪"，另一种更简略的字形写作"器"。这个字是"泣"字的会意字。

据学者考证，小篆的丧字，承接金文，但变化较大，将桑枝变成了"犬"形，下面另加义符兼声符"亡"字，写作"喪"。这个"喪"字侧重表示"死亡"。另一个有四张"口"的写作"器"。本义侧重表示极其悲伤而哭不出声来。这个字后来被借用为"器具"之义，古人就将"器"字省略掉两个"口"字表示"哭丧"之义。隶变后的楷书分别写作"喪"和"器"及"哭"三千字。"喪"字又简化为"丧"。

"器"字的本义指"无声或低声哭泣"。至于说"器"是用"犬"守住器皿不碰碎，是借用为"器具"之义后的解释。

"丧"字的本义指"死亡"。如：为哀悼死亡而穿的衣服称"丧服"；有丧事的人家称"丧家"；有关丧事的礼仪称"丧礼"；人死后的殓葬哀悼等事称"丧事"。还有奔丧、吊丧、哭丧、守丧、治丧等词。"丧"字是个多音字，读作"sàng"时，由本义引申指"失去、丢失"。如：形容非常害怕称"丧胆"；死亡称"丧命"；失去配偶称"丧偶"；因不顺心而情绪低落称"丧气"；死亡、灭亡称"丧亡"；消磨掉意志称"丧志"。

"丧"与"垂头丧气"

"丧"字也表示丢失和失去，如：丧命。

有个词叫"丧气"，作动词用，指因事情不顺利而情绪低落，如：垂头丧气。

说起"垂头丧气"这一成语的出典，有段历史故事。

距今一千一百多年的唐朝末年，当时的皇帝唐昭宗已失去大权，成了傀儡。各地军阀纷纷割据，各自拥有兵权，不听朝廷命令，就是在朝廷内部，也分为两股势力。一个以宦官韩全海为首。一个以宰相崔胤（yìn）为首。他们各不相让，都想把傀儡皇帝掌握在自己手里。

在北方有两个最强的军事集团，分别与朝廷的两股政治势力相呼应。一个是驻扎在陕西凤翔的李茂贞。一个是在今日河南一带的朱全忠。朱全忠本是地方上的流氓恶棍，参加过黄巢起义军，后投降唐朝，被封为大将军。他暗中与朝廷宰相崔胤勾结，想掌控唐昭宗，以便夺取大权。朱全忠的死对头李茂贞，本是朝廷官员，因镇压黄巢起义有功，被任命为凤翔节度使。他暗中与宦官韩全海勾结，也想控制唐昭宗。这两股势力由暗中较劲到公开动武。李茂贞靠近京城长安，他靠韩全海协助，已掌控了朝中大权。这下朱全忠可不答应了，他以宰相崔胤为内应，发动武装政变，率军进攻长安。韩全海一看形势不妙，就将昭宗皇帝劫持到李茂贞的根据地凤翔。

朱全忠得到消息，立即率军西进，杀奔凤翔。李茂贞不是对手，抵挡不住朱全忠的进攻。小小凤翔城，没几天就粮食告急，连昭宗皇帝也饿肚子了。士兵吃不饱，怎能打仗呢？加之又无救援，李茂贞只得把昭宗皇帝交与朱全忠，又当场将韩全海等二十余人全部斩首。朱全忠这才罢休，将昭宗"迎回"长安去了。

北宋大文学家欧阳修等人编著的《新唐书·宦者列传》记叙了这段历史，写韩全海见大势已去时描述道："韩等见势去，计无所用，垂头丧气。"后人将这句话中"垂头丧气"四字作成语用，以此形容情绪低落，失望懊丧的神情。"丧"字在这儿表示失去气势，也有"懊丧"之意。对韩全海来说，他不仅仅是"丧气"，而是"丧命"了。

用手指甲抓挠——搔

sāo
搔

小篆
搔 隶书
搔 楷书

说来"搔"字有个发展过程。甲骨文的"搔"字原先写作"叉",在"又"字当中和左面各有一个小点儿。"又"字表示右手。其中这两个小点儿指的是指甲盖儿。小篆使其整齐化。隶变后的楷书写作"叉",这个字读"zhǎo",本义为"指甲",也指用指甲抓挠。古人头发长,痒了伸出指甲抓挠几下,是常用的事。由于"叉"字作了偏旁,指甲之义便用"爪(zhǎo)"来表示,这便是"爪子"。"抓挠"之义古人就另造了个"搔"字来表示。

小篆的"搔"字是个左右结构的形声字兼会意字。左边的"手"作形符,表示跟"手"有关。右边的"蚤"字读"zǎo",作声符并会意。

"提手旁"与"蚤"字组合,指"用手指甲抓挠"。因是指用手抓挠,所以古人用提手旁作"搔"字的形符。

古人为什么用"蚤"字作"搔"字的声符呢?

甲骨文的"蚤"字是个形声字兼会意字。上面的"叉"字表示抓挠。抓挠什么呢?抓挠的是下面的"虫"子。这虫叫"跳蚤",咬人且吸血,常在人或畜身上爬行。抓挠的动作如同爬行,所以古人用"蚤"字作"搔"的声符并会意。

楷书的字形由小篆演变而来,写作"搔"。

"搔"字的本义指"抓挠",如:搔痒痒、搔头摸耳、隔靴搔痒。

此去应无"搔"首人

"搔"字是个动词，一般来说，"搔"这个动作是指人伸出五指去抓、挠。为什么抓、挠？因头发里有虱子咬，很痒，必须挠几下。准确地说，是用手指甲去挠，这样才能达到止痒的效果。

这里讲个跟"搔"字相关的对联故事。

民国年间，苏北建湖县蒋营镇有位教私塾的吴先生。吴先生学识渊博，书法在盐城一带也很有名，许多店铺的招牌都出自他的手笔。

快过年了，吴先生借到盐城办年货的机会，准备去剃个头，洗个澡。他剃头必须到"老五福"理发店。店名是吴先生题的，如今仍高悬着。吴先生为他店题名为"老五福"，暗含在这儿理发有五个舒服，手艺令人佩服之意。

今日吴先生一进店门，王老五就丢下活儿，上前招呼。来剃头的都是熟人。吴先生坐下，关照老五："你忙，你忙，顾客要紧！"他一抬头，被店堂里挂着的一副对联惹笑了。

操刀弄剪，问天下头颅有几？
割发削须，看老夫手段如何？

这对联字写得不怎样，内容也是见过的。老五介绍说，有位老先生常来剃头，特地送来的。吴先生说："这位老先生很会开玩笑。不过操刀割发削胡须，还问有几颗头，当心把人吓跑啊。"老五说："快过年了，你得给我写幅对联啊，我不贴门上，就挂在这半边墙上。"说罢喊他家人铺纸研墨，吴先生也不推让说："我也用前人写过的送你一副吧。"说罢，提笔就写：

相逢尽是弹冠客，
此去应无搔首人。

弹冠相庆，表示当了官，喜气融融。客人们见了，谁不喜欢？下联说剃头后十分舒服，再也不挠头抓痒了。这幅对联写的喜庆、朴实，堪称名联。

脸上的表情——色

sè
色

小篆
色

隶书
色

楷书
色

　　小篆的"色"字是个会意字，上下结构。上面是个站立的"人"字。下面是个跪着的人的形状。这两个字形组合在一起，表示上面立着的那个人，正在训诫跪着的这个人，以此表示站着的那个人怒形于色的意思。

　　也有学者认为，小篆的"色"字，上面是个"人"字，下面是个"卩"字，这个字读"jié"。甲骨文的"卩"字是象形字，像一个跪着的人。本义指"跪坐之人"。在"色"字中这个跪着的人仰望着站立人的脸上的表情。这两个字形组合在一起，表示"脸色"。

　　楷书的字形由小篆演变而来，写作"色"。

　　"色"字的本义指"脸上的表情"，如：面色、面有愧色、怒色、气色、神色、声色、失色、喜色、眼色。

　　"色"字由本义引申指"颜色"，如：彩色、色彩、色调、色觉、色盲、色泽、本色、底色、茶色、暖色、灰色、配色、浅色、血色、变色、绘声绘色、古色古香等。由上义引申指"种类、品种"，如：各色各样、形形色色、货色齐全、角色等。由上义又引申指"物品的质量"，如：出色、成色、货色、绝色、特色、音色、逊色、增色等。

　　"色"字假借指"景象"，如：春色、湖光山色、暮色、秋色等。又假借指"情欲"，如：好色、情色、女色、酒色财气。

　　"色"字是个多音字。读作"shǎi"时，指"颜色"，用于口语。如：本色、掉色、套色、退色等。

"色"色皆空

江苏古籍出版社《佛教大辞典》"色即是空"条目的解释是："幻不异色，色不异幻，幻即是色，色即是幻。"即强调"世俗认识所面对的一切，都是人们主观上幻化的产物"。

在"色空"一词中，"空"字似乎好理解，难以吃透的是"色"字。这里之所以探讨"色空"一词，是因为与一副对联故事有关。

南京东北郊有座秀丽的小山，此山突入长江之中，三面临水，峭壁悬崖远望如一飞燕展翅欲飞，故名"燕子矶"。山上苍松翠柏，四季常青，凡到南京的人，都到一游。

燕子矶上有座永济寺，面临大江，缘崖而筑，气势壮观。香客和游人到此，可以饱览大江之景色。

永济寺始建于正统年间。建成后不久，正逢科考，全国各地的举子到京城考试。考完后，不少考生到燕子矶游玩。其中有两位来自山东的考生，一位名叫孔祥，一位名叫孟元，都是圣人后代。他俩登上燕子矶，进了永济寺，只见寺院里翠竹青松，一片青绿，江风吹过，松涛阵阵。这时又响起钟声，孔祥不由赞道：

松声、竹声、钟磬声，声声自在。

孟元听了，拍手叫道："好一副上联啊！我看这寺院大门上还没对联，你我再续下下联，赠予寺院如何？"

两位秀才苦思冥想，却再也对不出下联。直到日落西山，仍没找到绝句。正巧主持大和尚出来，见二人仍在字斟句酌地推敲着。他连称"善哉善哉"，也加入了讨论，最后得出下联：

山色、水色、烟霞色，色色皆空

"色色皆空"四字，恐怕是住持大和尚所提炼。此联曾刻于石柱上，嵌入寺院大门两旁，成为寺联。永济寺毁于太平天国战火，清末曾加以修葺，但石柱不知所终，仅留有民间传说，真伪无从考证。

收藏谷物——啬

sè
啬

甲骨文
金文
小篆
啬 隶书
啬 楷书

　　在甲骨文中，"禾"字是个象形字。其字形像稻穗或麦穗垂头的样子。本义指各类作物的总称。古代的"啬"字是个会意字，下面是个"田"字，加上两个"禾"字在一起，表示田里的谷物已经成熟，可以收割了。

　　古代的"啬"字，有的上面写作"来"字，下面写作"回"字形，表示谷物收割下来之后，要放回谷仓里收藏起来，本义指"收藏谷物"。而收藏好谷物后，要仔细保管，于是便引申为十分爱惜、节省。由过分的节省、爱惜就引申为小气、吝啬了。

　　也有人认为，古代的"啬"字，上面是个"来"字，下面是个"回"字，表示拿出来又收回去，指的是应当用的财物而舍不得用，其本义也指"小气"。

　　这两种说法，都指出"啬"字的本义就是"小气"，如：吝啬、吝啬鬼。方言称为"啬刻"。

《隶辨》　　　　宋·岳飞

拆字讲暗语——啬

清朝末年,金山县有家粮行,老板姓钱。这老板人如其姓,那真是爱钱如命,小气得不得了。

这天,他乡下的几个远房亲戚为他运来两船新米,七八个搬运工将米扛进粮仓。不巧,天色变了,眼看要下雷阵雨了,亲戚及附近的几位店员,帮着抢运大米,总算在雷雨到来之前将粮食装进了仓库。

众人奔进钱家躲雨。钱家的账房先生过意不去,想请这些帮忙的人吃顿便饭,但又怕钱老板不肯,便用只有他俩懂得的拆字暗语问:"东家,小山重叠水边酉?"

"小山重叠"是"出"字;"水边酉"是"酒"字。账房先生这是在问主人,今儿是不是请大家喝点儿酒?

钱老板看了看半屋子人,也用暗语回答:"一撇一捺夕看夕。"这一撇一捺是个"人"字,"夕看夕"就是两个"夕"字连在一起的"多"字。钱老板的意思是今天人太多,就不摆酒了。

在帮忙扛米的客人中,有一位听懂了他们对话的意思。他想,自己忙得浑身臭汗,又饿又累,连一顿饭也吃不上,很是气愤。他对身旁一位熟人,也用拆字的暗语说道:"文有口,墙无土,玄田一头牛。"

这话中的"文有口",指的是"吝"字,"墙无土"指的是"啬"字,"玄田一头牛"指的是"畜牲"二字。指钱老板是个吝啬透顶的畜牲。

这句话,别人听不懂,可钱老板准听懂啦,他不气昏过去才怪呢!不过话又说回来,说这话的人,也太刻薄啦。

有架子的弦乐器——瑟

sè
瑟

金文的"瑟"字是个会意字。上半部分像古代的一种琴弦乐器。下面像垫乐器的架子,意思指一种弦乐器。

"瑟",属于较早时期创制的乐器,大约出现在春秋时代。后来从长沙马王堆一号汉墓中出土了一架"瑟"。它是木制的,首尾两端刷以黑漆,整体很简洁。首尾之间有二十五根弦。每根弦由四股素丝左旋搓成,用双手并弹。山东沂水汉代画像石上的乐工,是双膝跪于瑟前,左手勾曲,右手拨排,正作弹奏之势。弹奏时,多为扣、弹等动作,所以古人称奏瑟为"鼓瑟"。

小篆的"瑟"字跟金文的"瑟"字略有不同。小篆的"瑟"字是个上下结构的形声字。上面"玞"字是形符,表示跟琴弦有关。下面的"必"字是声符。后来的楷书据此写作"瑟"。

"瑟"字的本义指"古代一种弦乐器"。

"琴瑟"指琴和瑟两种乐器一起合奏,声音和谐,用来比喻融洽的感情,多用于夫妇,如:琴瑟甚笃。

"瑟"发出的声音悠长且有颤音,因而人们常用"瑟瑟"来形容抖颤,如:秋风瑟瑟、瑟瑟发抖。身体因受冷而蜷缩或发抖称之为瑟缩。

金文

瑟
小篆

瑟
隶书

瑟
楷书

唐·褚遂良《哀册》

明·王铎《诗卷》

为何王字在上——瑟

明朝万历年间,四川泸州有个大财主,名叫王宁康。此人有千亩良田,又有店铺盐矿,可算当地首富。

王宁康有了钱,还想要大权。他花了一大笔钱买了个知县。

王宁康当了三年县官,就把买县官的钱捞回来了。他一个人捞钱还嫌不够,又把自己家的族人和亲朋好友拉到衙门当差,帮他一块儿捞钱。这样,小小的县衙门,成了他们王家的天下,引起了当地百姓的愤恨。

这年除夕夜,王宁康全家在后院吃年夜饭,猜酒行令,好不热闹。这时,有几个穷秀才,偷偷地在县衙门上贴了一副对联:

> 琴瑟琵琶,为何王字在上?
> 姑嫂妯娌,皆因女字沾边。

这副对联,在楹联学中称为"同旁联",要写好,十分不易。它的上下联,要用偏旁、部首相同的汉字组成,构思精巧,极具特色。

在这副对联中,上联"琴瑟琵琶"四个字,都是王字打头,提出责问:为何王字在上?也就是怒斥王氏家族,骑在百姓头上作威作福。

下联"姑嫂妯娌"这四个字的偏旁都是"女"字,而且"姑嫂妯娌"指的是裙带关系,把王宁康的老底抖了出来。这副对联以汉字的偏旁部首来影射王县令的贪污腐败,真是入木三分。

[瓦当欣赏]

秦汉瓦当

树木茂密——森

sēn
森

甲骨文

金文

小篆

隶书

楷书

  甲骨文和小篆的"森"字都是会意字，由三个"木"字组成。"木"字为树木。两个"木"字为"树林"。三个"木"字表示树更多了，就成了森林。"林"上有"木"，不仅表示树木之多，还表示树木之高。所以"森"字的本义指"树木高耸茂密的样子"，如：森林、松柏森森、林木森森、树影森森。

  森林里因树木众多，不见阳光，因而显得阴暗可怕，所以"森"字又引申指阴暗可怖，如：阴森森、冷森森、森严壁垒。

  "森"字也作姓氏用。

唐·颜真卿《多宝塔碑》

宋·范成大

大森林中说"森"字

俗话说，到什么山唱什么歌。老吴、老刘和小马、小胡四位"驴友"驾车去神农架旅游。在莽莽大森林里，四个人喝山泉，吃干粮，躺在大树根下休息聊天。

老吴说："我们一路上山，转了三个十八盘，整整五十四道弯。"

小马很机灵，立即说："借你这句话，我问你，'三个十八盘'是什么字？"

老吴答不出，向老刘求救。老刘启发他："你孙子在家玩什么？"

老吴说："玩电脑！"

老刘生气地说："他小时候呢？"

老吴说："四五岁的时候玩刀呀枪的！"

老刘又启发道："他玩积木么？比如说，搭积木！"

老吴摇摇头，说："不玩这个。"小马乐得哈哈大笑。

老刘不服气了，问："小马，你别笑。我出个字谜你猜。听着，一个不出头，两个不出头，三个不出头。不是不出头，就是不出头。"

小马听了，反问道："你是出字谜，还是唱绕口令？"

老刘说："这正儿八经是个字谜，你好好琢磨，准猜得出。"

大家沉默了好久，没一个猜得出。老刘很得意。这时半晌没讲话的小胡开口了，他向老刘挑战："我有个字谜能回答你。请听好。一横一横又一横，一竖一竖又一竖，一撇一撇又一撇，一捺一捺又一捺。"

过了好一会，老吴猛地站起来，一巴掌拍在树干上，大声说："今儿你们四个谜语说的都是这大森林的'森'字！"

不是么？三个十八是"森"字；搭积木也是"森"字；"不"字出头是"木"字，三个"不"字出头也是"森"字；最后那三个一横一竖一撇一捺也是"森"字啊。

出家学佛的和尚——僧

sēng 僧

　　小篆的"僧"字是个左右结构的形声字兼会意字。它的左边是"人"，表示跟人有关。右边"曾"字作声符，读"céng"。这两个字形组合在一起，指"出家修行的男性佛教徒"。

　　古人为什么用"曾"字作"僧"字的声符呢？因为"曾"字的上半部份是古字"窗"字，下面是"日"字，表示气体由下往上从窗口散出去的意思。而"僧"是离开尘世而出家的男性，有如气体从窗口散去，所以"僧"字用"曾"字作声符并会意。

　　但也有学者认为，这里的"曾"字有"曾经"之义，"曾经"意味这是已经过去的事情。出家人进了佛门，便开始了全新的生活，过去曾经经历的事不再提起，全部丢弃，所以"僧"字用"曾"字作声符并会意。这一说法，似乎合情合理，令人信服。

　　"僧"字的本义指"出家学佛的和尚"。

　　人们把出家当和尚的人称为"僧侣"、"僧人"。

　　和尚和尼姑称为"僧尼"。

　　和尚的总称为"僧徒"。德高望众的老和尚称"高僧"。

　　"僧"字也作姓氏用。

僧 小篆
僧 隶书
僧 楷书

由"生"联想到"僧"

在汉字故事中，常常要讲到文字狱的事。

"文字狱"这一文化毒瘤，完全是封建帝王借助避讳的习俗，再利用汉字谐音的特点一手造成的。在两千多年间，不知坑害了多少人。

就拿明太祖朱元璋来说吧，他少时当过和尚，其实这也不是什么可耻的事，出家人，理应受到尊重。但朱元璋当了皇帝后，认为这是他一生中不光彩的经历，所以他忌讳别人说"光"、"秃"和"尚"之类的字。就连"和尚"的代称"僧"字也不能说。更有甚者，连跟"僧"字谐音的"生"字也犯忌。

据史书记载，当时常州有位名叫蒋镇的官员，写了篇《贺正旦表》呈皇帝，本义是歌功颂德，向皇帝表忠心的，却引火烧身，酿成杀身大祸。因表上有一句"睿（ruì）性生智"。睿，表示通达，看得很深远，指"聪睿"、"睿智"。这本是赞美皇帝智商高的颂赞词语，但因为其中有个"生"字，朱元璋立马联想到与其同音的"僧"字，又闪电般地联想到"和尚"，于是断定此人是在揭他当过"和尚"的疮疤，有意羞辱他，于是就让他下地狱了。还有一位跟他一样，上表时歌颂皇上是"天生圣人"。"天生"的"生"字也触怒了朱元璋，更要命的是"圣人"的"圣"字"僧""生"也谐音，还指名道姓地称其为"圣人"。"圣人"就是指"僧人"，于是这个人也下了地狱。

手持槌子击杀野兽

shā 杀

甲骨文
金文
小篆
隶书 殺
楷书 杀

甲骨文、金文的"杀"字大致相同，都是象形字。字形就像被击杀后的长毛野兽陈列在那里一样。有人认为这长毛野兽指的就是野猪。

小篆的字形有较大变化，在旁边加了个义符"殳"字。这个字读"shū"，本义指"兵器"。这个"殳"字在甲骨文中是会意字，字形就像手持一把长柄的圆头兵器有所捶击的形状，在这儿指"手持棒槌"，以强调击杀的意思。隶变后，楷书承接金文和小篆，分别写作"杀"和"殺"，如今规范化写作"杀"，本义指"击杀野兽"。

也有人认为，古代的"殺"字是个会意字，由"乂"、和"殳"及"木"三部分组成。"乂"代表两把刀架在头上，"殳"代表差役手中的兵器，"木"字代表生命。刀架在脖子上，用"殳"来殴打，将"木"的生命扼杀。所以有人将"杀"的本义定为"把高粱穗头割下来"。

两种说法，都有"击杀"的意思，但一指动物，一指植物，可谓大相径庭。问题可能就出在对上半部分字形的理解不同，可能像野猪，也可能像高粱穗子。就甲骨文和金文的字形看，似乎不太像树木的形状，也不太像高粱穗的样子，再说，先民们那时恐怕也没有有那种意识，把树木当作有生命的物体来看待，所以我们就当作被击杀的野猪吧。

"杀"字的本义指"使人和动物等失去生命"，如：杀生、杀害、杀头、暗杀、刺杀、凶杀、谋杀、枪杀、厮杀、自杀等等。由此又引申指"战斗"，如：冲杀、杀出重围、杀生一条血路。

"杀"字假借指"消灭、消除"，如：杀价、减杀、扣杀、大杀风景、杀杀锐气。

"杀"字用在动词后面，表示"程度深"，如：气杀、折杀、笑杀人。这里的"杀"字与"煞"字相通。

刘可毅被杀

古代的迷信活动中有种叫"谶语",现在人们偶尔说到的"一语成谶",就是指这个字。谶字读"chèn",指将来要应验的预言或预兆。例如某人回乡,临别时说,这是最后一次了,他不久便去世,人们就把这称之为"一语成谶"。

古代绝大多数有关谶语、谶纬的故事,都是事前安排,或事后编造的,那是当不得真的。

却说明朝洪武年间,江苏常熟有位书生,名叫刘可毅。此人经数十年苦读,终于考中进士。发榜那天,全乡人敲锣打鼓,以示庆贺,这毕竟是家乡人的光彩。

那天中午,报榜的一队人马进了村庄,来到刘可毅家门前。众人静静地听着报榜人宣榜,没料到,这报榜人不知是有意还是无意,或是识字不多或是年老眼花,他尖着嗓门大声宣读:"刘可杀高中进士及第……"他发觉读错了,连忙改口:"刘可毅高中进士……"

"毅"字与"杀"字这两个字的字形相似,看来这厮是认错了。但谁会把"杀"字当名字呢?故有恶意之嫌。

刘家人听了,当时心中虽有不快,但毕竟是大喜之日,也就没有追究,不再提起。

不久,刘可毅被朝廷派往邻县江阴任县令。

江阴地处长江南岸,江匪成患,是个很难治理的地方。刘可毅虽是书生出身,但颇有安邦治国平天下的壮志,也很有手段。他上任不到三年,便捕杀不少盗匪,使当地百姓能过上平安日子。但他也为残余盗匪所恨,他上任刚满三年,便被人在黑夜中乱刀砍杀。这帮凶手还沾着刘可毅的鲜血,在墙上写下"刘可毅可杀"五个大字。

刘可毅被杀后,江阴百姓除了惋惜哀叹外,也不由想起三年前他中进士时,报榜人所说的"刘可杀"三字,纷纷说这是"一语成谶"。

水少了沙就露出来

shā
沙

金文和小篆的"沙"字，是个左右结构的会意字。左边是三点水，表示与水有关。右边是个"少"字。这两部分组合在一起，表示如果水变少了，沉在水底的沙就会显露出来。

"沙"字的本义是指"水中细小的石粒"。

"沙"字是个多音字，当它读作"shā"时，指"比细碎的石子儿还要小的微粒"，如：沙尘、沙漠、黄沙、沙包、沙滩、沙场、沙地、沙坑、沙丘、沙土、沙田、风沙、流沙、防沙林、飞沙走石。

"沙"字由本义引申指"像沙子一样的东西"，如：沙果、沙梨、沙眼、豆沙、粉沙。

"沙"字也指"嗓音不清脆、不响亮"，如：沙哑。

当"沙"字读成"shà"时，由本义假借指"经过不断摇动，把东西里的杂物集中到一起，以便取走"，如：把米里的沙子沙一沙。

"沙"字也作姓氏用。

金文

小篆

沙 隶书

沙 楷书

唐·欧阳询《草书千字文》

河边淘"沙"猜字谜

"十年动乱"期间，大批知识分子被迫放下手中的学术研究或教学工作，到农村劳动，接受贫下中农再教育。他们的劳动五花八门，种地积肥、放鹅牧羊、开沟挖渠、烧砖淘沙……样样都得干。南京师范大学的华教授和施教授，被发配到句容小山村的河边去淘沙。

淘沙是件力气活儿，两位老人干了不一会儿，就累得气喘吁吁了。好在没人看管，两人就半躺在河堤上抽烟聊天。华老说："咱们不能闷声不响，那样要憋出病来的。咱得苦中作乐，自娱自乐啊。"

施老说："以眼前所见之物，给你猜几个字谜吧。"

华老说："一人猜一个。猜不出，掏根烟。我先来，听着，'水少'是什么？'是土'是什么？"

施老不假思索地指指脚下，又指指背后，"'水少'是'沙'；'是土'为'堤'，这叫'水少沙即现，是土堤方成'。听我的，'投石穿个洞，灌水浪涛涌'，猜个字。"

华老琢磨了好一会，说："是个'皮'字。听我的，'有水反枯干，有人反孤单'，猜一个字。"

施老说："这是个'固'字。有水是干涸的'涸'字，有人是繁体的'个'字。"说到这儿，施老问："华老，你记得吗？当年咱们到北京参加简化字方案讨论会，对这个'个'字还有过一番争论呢。"

这一说，两位老人都不吱声了，他们的思绪，又回到了那其乐无穷的汉字王国去了。

人头脑糊涂愚蠢——傻

shǎ 傻

小篆的"傻"字是个左右结构的形声字兼会意字。左边的"人"字作形符，表示跟"人"有关。"傻"字右边的"夐"字读"mǎn"，作声符兼表意。

"夐"字与"人"字组合，指人的头脑糊涂、愚蠢。因是指人的头脑愚蠢，这跟人有关，所以古人用"人"字作"傻"字的形符。

古人为什么用"夐"字作"傻"字的声符呢？

"夐"字指人的脑壳，上面的"囟"字读"xìn"，在甲骨文中是个象形字，指人的头顶上脑盖。本义指"囟门"，也指婴儿头顶骨未缝合处的囟门。在这儿表示这个人的头脑像婴儿那样没有思考能力，显得很糊涂、很愚蠢。而"傻"，就表无知与愚蠢，所以古人用"夐"字作"傻"字的声符。

楷书的字形由小篆演变而来，写作"傻"。"傻"字的本义指"愚蠢、不聪明"，如：愚蠢糊涂的神态称"傻气"。智力低下，不明事理的人称"傻子"；无意义地一个劲儿地笑称"傻笑"；因出现某种意外情况而目瞪口呆不知所措称"傻眼"。还有傻乎乎、傻瓜、傻头傻脑、装疯卖傻等词。"傻"字由本义引申指"死心眼，不知便通"，如：傻干、傻劲。

傻 小篆
傻 隶书
傻 楷书

你这小"傻"瓜

"傻"字是个形容词,指人的头脑糊涂,不明事理,显得傻头傻脑。"傻"字也指死板,不知变通。

"傻"字常用来骂人、讽刺人或调侃人。如:"傻瓜"、"傻子"或"傻蛋"之类。这些名词并不完全是骂人,有些是开玩笑的话,诸如:"小傻瓜"、"小傻蛋"之类,在农村有时作对孩子的昵称。

这里讲个跟傻字相关的笑话故事。

从前有位姓李的私塾先生,生了个傻里傻气的儿子,就给他取名"小傻瓜"。

这天,李先生给学生放假,带着妻子走亲戚去了,留着小傻瓜看家。李先生走后没多久,李先生的朋友来访。这位朋友姓王,是刚结识的。小傻瓜听到敲门声,忙去开门。王先生问:"令尊、令堂在家吗?"

小傻瓜看了眼客人,回答道:"没这个人!"

王先生探头看看,见屋内确实没人,便很失望地走了。傍晚,小傻瓜的父母回来了。小傻瓜一五一十,将客人来访的事说了,还疑惑地问:"他到咱家找令尊令堂干什么?我回他咱家没有这个人!"

李先生耐心地教导傻儿子:"唉,你给我记住了,令尊就是我,令堂就是你的妈,你这小傻瓜!"

李先生教了两三遍,小傻瓜记住了。

真是不凑巧。第二天一早,李先生丈人家有急事,夫妻俩赶去照理了。小傻瓜看家,正巧,王先生再次来访,敲门后,小傻瓜开门,王先生又问:"令尊令堂今日在家吗?"

小傻瓜回答说:"啊,令尊就是我,令堂就是你的妈!"

王先生听了很生气,转身走了。小傻瓜想起还有一句话给忘了,追出门去补喊道:"你这小傻瓜!"

一字一世界

又快又猛地摧毁——煞

shā 煞

小篆

煞 隶书

煞 楷书

小篆的煞字是个上下结构的会意字，由三个部分组成。左上方是"刍"字，这是"急"字简省的写法，表示"急切、急迫"。右下方的"攵"字是"攴"字，这个字读"pū"或"pō"，在甲骨文中是个会意字。下面是个"又"字，表示"手"。手上面是一短竖，像手持刑杖棍棒的样子，表示"击打"。隶变后的楷书写作"攴"，作偏旁时写作"攵"。"煞"字下面四点表示火，指"热烈、猛烈"。这三个部分组合在一起，表示"急迫地、猛烈地加以摧毁"。

"煞"字在古字中与"杀"字同源。杀死敌人必然是急切、猛烈，在这当中，"刍"表示"急迫"，"攵"表搏击打斗；四点的火字表示猛烈。这三部分十分完美地表达了"煞"字的内涵。

楷书的字形由小篆演变而来，写作"煞"。"煞"字的本义指"弄死"，与"杀"同义。

"煞"字由本义引申指"收束、结束"，如：煞住、煞尾、煞笔、煞帐。由本义又引申指"消减"，如：大煞风景（表示很扫兴）。"煞"字放在动词后面，表示"程度很深"，如：急煞人。"煞"字由"结束"引申指"勒紧、止住"，如：煞车、煞了煞裤带。"煞"字是个多音字，读作"shà"时，由本义假借指"很、极其"，如：面孔煞白、煞气、煞费苦心、煞有介事。"煞"字由"弄死"引申指"迷信的人所称的凶恶的神"，如：凶神恶煞、凶煞。

痛煞

什么叫"痛煞"？就是疼痛极了，无法忍受了。

明朝年间，苏州城里有个书生名叫吴有才，外号"吴戆（gàng）头"。按苏州方言讲，就是说他是个又傻又愣的人。其实这样喊他并不确切。他只是有点愣头愣脑，遇事拎不清，认死理而已。但为人耿直，不说假话。按才气说，他确有出众之处。他善写十七字诗，在姑苏城独树一帜，颇有名气。

这年，苏州一带久旱不雨，小河见底，苏州县令杨大人亲自设祭坛向龙王求雨，但无济于事。吴戆头便作十七字诗一首予以嘲讽：

> 县令来求雨，百姓皆喜悦。
> 昨夜推窗见，明月。

此诗写的也是事实，但杨县令听了心中不爽啊，他在为民办实事，你何必添乱，加以讽刺？"推窗见明月"，表示明日依然无雨，这有什么好幸灾乐祸的呢？于是派差人将吴书生带到县衙询问。杨县令知道他会作诗，想出个难题，挫挫他锐气，便说："听说你会作十七字诗。本官别号西坡，你就当场作一首。若作得好，放你回去，作不好，今日就得挨板子。"

吴戆头张口便来：

> 苏轼号东坡，县令号西坡。
> 两坡相比较，差多。

杨县令一听，大为光火，连喊："来人哪，给我重打十八板！"

可怜的吴书生，当场被两个衙役按倒在地，"劈劈啪啪"的打了十八大板。

吴戆头艰难地爬起来，摸摸屁股，眼含泪花，当即赋十七字诗一首：

> 作诗十七字，挨了十八板。
> 若作万字诗，痛煞！

阳光下取暖——晒

shài
晒

小篆的"晒"字是个左右结构的形声字兼会意字。左边的"日"字作符,表示跟太阳有关。右边原先是"麗"字,读"lí",作声符并会意。

"日"字与"麗"字组合,指"在阳光下取暖或者使物品干燥"。因为是在阳光下,所以古人用"日"字作形符。

古人为什么用"麗"字作"晒"字的声符呢?

古代的"麗"字指鹿结伴而行,至少是成双而行。群鹿聚集在一起,看上去一大片,有面积广阔之义。而人在阳光下晒衣物时,衣物散开,也有面积宽广之义,所以古人用"麗"字作"晒"字的声符并会意。

楷书的字形由小篆演变而来,写作"曬",后简化为"晒",变成了一个以"日"为形符,以"西"为声符的新的左右结构的形声字。

"晒"字的本义指"在阳光下取暖或使物品干燥"。

也有学者认为,"晒"字的本义指"在太阳下暴晒"。

从实际生活经验来看,人或物在太阳下暴晒的情况不多,因为对人的皮肤有损伤,对物品也易损坏。人们在强烈的阳光下还要戴草帽、撑阳伞呢,所以在阳光下大多都是取暖或将物晒干,如:晒太阳、晒暖儿晒台、晒麦子、晒衣服、晾晒、晒干等。

"晒"字由本义引申指"阳光照射"。如:西晒、日晒雨淋。

曬 小篆

曬 隶书

晒 楷书

文章桥上"晒"文章

据传说，汤显祖有四个弟子，都是饱学之士，时称"临川四才子"。这四人不仅才高八斗，且不畏权贵，仗义直言，好打抱不平。

有一天，临川新来的知府，坐着八人抬的轿子，鸣锣开道过来了，路人纷纷避让。四才子刚从酒店出来，都有点醉意，一个个袒胸露腹、跌跌撞撞地走着。来到市中心的文章桥上，四人一字形躺下晒太阳，他们把这说成是四人满腹文章，今儿要拿出来晒晒太阳，谁也不许过去。他们还以此拟了个上联：

上文章，下文章，文章桥上晒文章。

新知府的轿子来到桥头，只好停下。四才子放出话来，谁想过去，得对下联，否则只能绕道十里以外的黄昏渡口乘船过河。

新知府一时对不出下联，怕人耻笑，加之新来乍到，又不便发作，只好绕道过河了。

新知府这人有雅量，也有文才，轿子抬到渡口，已是日落西下的黄昏时分。此情此景，使他有了灵感，对出了下联：

前黄昏，后黄昏，黄昏渡前遇黄昏。

他立即令人将下联传给四才子，总算挽回一点面子。抚州自古多名士，为了拢络这些名士，新知府还邀请四才子到府上作客。第二天，四才子应邀前来。新知府把他们让到厅上，谈诗论文，共同对句寻趣。谈起昨日四人袒身露体躺在桥上晒太阳，实在有伤大雅，便笑着出个上联：

文章桥上，秀才赤身露体，斯文丧尽

四才子听了，不甘示弱，小声商量了一番，想到知府大人昨天绕到黄昏才好不容易对出下联，便以此讥笑知府：

黄昏渡前，府尊搜肠刮肚，脸面丢光。

读罢，知府与才子们都哈哈大笑。

由土石构成的 山

shān
山

甲骨文

金文

小篆

山
隶书

山
楷书

甲骨文和小篆的"山"字是个象形字。字形像三座山峰并立的形状。金文的字体由甲骨文演变而来。小篆的形体由金文演变而来。楷体由小篆简化而成。

"山"字的本义指"由石头或泥土构成的高出地面的部分",如:山头、山岗、山地、山顶、山梁、山岭、山崖。

"山"字也指"形状像山的东西",如:冰山、刀山、靠山、人山人海。

"山"字由本义引申指"人字形屋顶的房屋两侧的墙壁",如:山墙。

与山有关的词汇很多,如:山洞、山沟、山谷、山脚、山峦、山货、雪山、山河、山川、山坳、山茶、山口、山岚、山里红、山羊、山里人。

"山"字也特指"没有石头的土丘",又引申指"帝王的陵墓"。秦代天子的坟叫"山",汉代叫"陵",统称山陵。

"山"因连绵数千里,范围大,又引申比喻"声音大",如:把门敲得山响。

"山"字在地理上特指"太行山"。太行山之西为山西省,之东为山东省。

"山"字也作姓氏用。

今岁除夕——山

除夕是农历年中最后一天的夜晚,它源于先秦时期的"逐除"。古人在新年的前一天击鼓驱逐恶鬼,这就是"除夕"的来历。

除夕这晚,全家团聚在一起吃年夜饭。有些亲朋好友还喜欢聚在一起,通宵达旦不睡觉,这称之为"守岁"。

这年除夕,吃罢年夜饭,退休教师老吴家来了好几个客人,说陪他守岁。大家一边喝茶聊天,一边看春节联欢晚会节目。

这几个人都是同一幢大楼里的邻居,他们来是有目的的。因为这幢楼没有物业管理,得选个"楼长",为大家办点事儿。楼上楼下几十户人家,大都是双职工,退休的人没几个。再说,谁愿意多管闲事呢?所以,这几位客人,想请吴老出山当"楼长"。

住老吴家对门的小李比较机灵。他知道老吴喜欢猜字谜,这时,电视里正巧由主持人出字谜,让下面的观众猜。小李连声说:"出这种破谜面儿,真没水平,听我的,我出个字谜让大家猜猜。'今岁除夕',猜一个字!"

众人猜不出。老吴笑笑:"这有何难!'岁'字除掉'夕'字,不是个'山'字么?"

小李大拇指一伸:"高!实在是高。猜对了,接下来还有一个。'岁岁除夕在一起',也是一个字!"

众人琢磨开了,老吴一拍大腿:"两个'岁'字除掉两个'夕'字,剩下两个'山'字在一起,不是个'出'字么?"

小李大叫道:"对呀,我们今儿来,就是请你出山当楼长呀!"

在欢声笑语中,老吴爽快地答应当这幢楼的第一任"楼长"。

用浆划的小船——舢

shān
舢

"舢"字是个后起字，《说文解字》中未收入。

"舢"字是个左右结构的形声字。左边的"舟"字作形符，表示跟船舶有关。右边的"山"字作声符，读"shān"。

"舟"字与"山"字相结合，指一种江河上的小船。

"舟"字本就是船的意思，所以用作"舢"字的形符。

楷书的字形写作"舢"。

"舢"字的本义指"一种用浆划的能坐几个人的小船"。

"舢"字组词不多，常用的就是"舢板"一词，也写作"舢版"。这是个名词，指在近海或江河上用浆划的小船，一般只能坐两三个人。海军用的较窄而长，一般可坐十人左右。体育项目中也有"舢板"比赛。

舢 小篆

舢 隶书

舢 楷书

舟到山前为小船——舢

却说明朝永乐年间,扬州城里有两位名士,一位叫马家鼎,一位叫丁邦元。这两位是形影不离的朋友,又是吟诗作对的冤家。

有一天,丁邦元到高邮一亲戚家喝喜酒,席前喝茶时,一当地年轻秀才,见眼前头发花白的丁邦元,就是来自扬州大名鼎鼎的对联名家,就动起了一试高低的念头。他主动提起茶壶,给丁邦元杯子里斟满茶,随口吟出了上联:

吃杯茶,使人头长青草脚生枯木。

丁邦元一听,这是个拆字联,将"茶"字拆解为人头上长草,脚下下生枯木,正巧是"人""草""木"三个部分。不怀好意的是"脚生枯木"四个字,暗喻头发花白的丁邦元已年老如枯木了。这句话使丁邦元心中不爽,愣了好一会,没对出下联。丁邦元觉得很没面子,连喝酒也觉寡味了。

回到扬州,他把这事跟马有鼎说了。当天正逢八月中秋,两人弄了条小船,一边赏月,一边游船。两人默默地划桨,各自在想着那个上联。马家鼎说:"丁兄,昨天有人给我猜个字谜'江边鸟',这是'鸿'字,谁不知道。但随后有人出了个上联'鸟落江边是大雁',可把众人难住了,没人对出下联!"

丁邦元脑子转得快,立马说:"大雁就是鸿雁呀,不就是'鸿'字么?这也是个拆字联呀!"

马家鼎受此启发,指指河面上不少人划的小船说:"'舟到山前为小船'作下联,如何?"

丁邦元一听,拍了下大腿:"妙,'舟'前加'山'字,是小舢板的'舢'字,这是绝对啊。"

两人由拆字联,又想到了那"茶"字的下联。经再三斟酌,两人终于对出了下联:

道声谢,请身左察雅言右掌分寸。

像鸟翅膀能张合的门 扇

shàn 扇

  小篆的"扇"字是个会意字,它由"户"字和"羽"字组成。

  在古文中,"户"为单扇的门。两个单扇的门合拼起来为"门"。在这儿,"户"就是指门。

  "羽",在金文中是个象形字,其字形像鸟儿翅膀上的长羽毛。在这儿,指鸟的两只翅膀。"户""羽"组合,指"像鸟儿的翅膀那样可张可合的门窗"。本义指"竹子或苇草编的门扇",现在指各种门扇。

  "扇"字是个多音字,读"shàn"时,指门扇。由这本义,引申指"计门窗的量词",如:一扇门、两扇窗户。

  "扇",指"能张合的门窗",这就跟人们手中的扇子有了某些共同点,所以又引申指"摇动生风的纳凉用品",如:扇子、扇面、电扇、风扇、团扇、折扇、羽毛扇、芭蕉扇。

  "扇"读"shān"时,指"摇动扇子,使之生风",作动词用,如:扇煤炉、扇风。由此又假借指"鼓动别人做不该做的事",如:扇动。

  "扇",也指用手掌打人,如:扇耳光、扇了他一巴掌。

金文 扇
小篆 扇
隶书 扇
楷书 扇

隋·智永《真草千字文》

唐·孙过庭《书谱》

胖和尚妙题"扇"字

南京有条户部街,明朝洪武年间就有了。街上店铺林立,其中有一家专卖扇子的。店主姓关,山西人,据说是关羽后代,自号关敬羽。为人豪爽、侠义,南来北往的客人多聚于此,店里终日高朋满座。

这天下午,赤日炎炎,人们都躲在家里或树下纳凉,一个个手摇扇子,热得连话也懒得讲。这时,有位胖和尚从门前走过,店主见他满头大汗,连忙招呼:"大师,暑气蒸人,何不到小店坐坐,歇歇脚?"

胖和尚施礼答谢,进门坐下,店主敬茶,递上芭蕉扇。接着,两人便聊了起来。没想到越聊越投机,胖和尚是从五台山来的,两人还认了同乡呢。

胖和尚见店堂里挂着一幅字,写着一句话:"有风不动无风动,不动无风动有风。"

胖和尚笑道:"店家,恕贫僧直言,此幅字挂大堂上,难显贵店气派,这字谜也略嫌浅薄,贫僧送你一幅如何?"

店主一听,不由大喜,忙叫伙计铺纸磨墨,店外纳凉的人也挤进来看。只见胖和尚凝神细想了一番,挥笔写了首五言诗:

　　户部一侍郎,貌似关云长;上任石榴红,辞官金菊香。

众人看了,一起鼓掌叫好。别说那行云流水般的草书,就这首诗来说,含意深远,对店主的姓氏祖籍、跟这店的所在环境,都有所涉及。更令人叫绝的是,这首诗还暗藏一个"扇"字。

"户部",是官署名称,是掌管全国土地、户籍、财政收支的部门。"侍郎"是这一部门的官员。扇店就在这户部街上,这儿巧妙地突出了个"户"字。第二句"貌似关云长",突出了"羽"字。因关云长字"关羽",这又与店主出身相关。这"户""羽"相合,不就是个"扇"字么?

第三、四两句指明"扇"子夏天用,到秋凉人们就不用了。这首诗,当然要比那两句话的谜语高明多了。

连声赞美——善

shàn
善

甲骨文

金文

小篆

隶书

楷书

  金文的"善"字是个会意字,最早写作"羊",表示羊肉是种美味。后来在"羊"字下面加个"誩"字,这个字读"jìng",意思指"美好"。也有人分析,两个言字并列,表示竞相赞美。还有人认为,两个言字并列,表示连声赞美。

  小篆的"善"字由金文演变而来,并使其整齐化。也有的篆文简化为"羊"字和一个"言"字。隶变后的楷书写作"譱",当时有种异体字简化为"善",现规范化为"善"。

  也有人认为,古代的"善"字写作"譱",这是个上下结构的会意字。由"羊"和"誩"组成。因羊在古代被借用指"祥和"的意思。"誩"有互相说的意思,合起来表示互相说吉祥美好的话。

  "善"字的本义指"纯洁、美好"。如:妥善处理称"善处";慈善的行为或事情称"善举";善良的人,有道德的人称"善类";纯真温厚,毫无恶意称"善良";富有同情心,仁慈善良称"慈善";温和善良称"和善"。善人、善心、善意、善经、完善、行善等都指"纯洁、美好"。

  "善"字假借指"擅长"。如:在某方面有特长,长于某种事称"善于";善于作战称"善战"。多谋善断、循循善诱都是"善于"的意思。

  "善"字也作姓氏用。

人之初性本善

无锡梁溪谜语研究会的朋友,今天在会长马汉文家聚会。老马以火锅涮羊肉招待。大家边吃边聊,话题就扯到"羊"字和跟"羊"字组合的字词上。小陶还找出几个相关的字谜让大家评论:"半羞半喜",这字谜是拆拼法,取"羞"与"喜"各一半,拼成"善"字;"一个王居士,头挽双丫髻,家有二十口,都是菩萨心",这个字谜,以打油诗的形式,突出了"善"字,细细品味,形象生动,颇有创意。

老马赞道:"羊是个善物,是个吉祥物。羊和中华文明的发展大有关系,先民以羊为主要家畜。羊温顺,宜养,它不与人争地争食,自己吃草。它浑身是宝,肉可食,奶可喝,皮可穿,毛可织毛衣,制毛毡(zhān)。羊对先民们可算是鞠躬尽瘁,死而后已。"

赵振南接着话茬儿说:"这就是善啊,纯洁、美好、善良。人跟羊一样,本性也是善的,所以《三字经》头一句就是'人之初,性本善'。"

小陶颇有感慨地说:"我儿子生性懦弱,胆小怕事。俗话说,'马善被人骑,人善被人欺',他在幼儿园常被一个小胖子揪耳朵,他也不敢还手。有一天,我到幼儿园接他,看到小胖子又在欺负他,我很生气。儿子看到我跑了过来。我命令他:'去打那小胖子一拳,叫他下次不敢欺负你。'我儿子不肯,我怒喝道:'去,打他一拳,爸爸看着你!'受我鼓动,我儿子撸起袖子,勇敢上阵了。那小胖子正倒背着手站着,我儿子悄悄走到他身后,在小胖子手心上轻轻挠了两下,就得意地回来报告:'爸爸,我打过他了!'"

众人听了,都哈哈大笑了。小陶说:"我常认为我儿子没多大出息。如今他在南京打工,前几天我去看他,见他头上扎着纱布,吊着手臂。我大吃一惊,问他是怎么回事。他吞吞吐吐说,几天前他骑车时,被后面一辆摩托车撞倒在地。我急忙问:"为什么不告诉我?"

"儿子平淡地对我说,爸爸,那开摩托车的也受伤了。他也是打工的,这事告诉你,让你担心,何必呢?"

"我想,心地善良又体贴父母的儿子,就是好儿子。"

众人听了,都点头称是。

供给财物赡养父母

shàn
赡

金文 赡

小篆 赡

隶书 赡

楷书 赡

小篆的"赡"字,是个左右结构的形声兼会意字。左边是"贝",表明这个字与金钱财物有关;右边的"詹"(zhān)是声符。后来左边的"贝"字作了简化。"赡"读"shàn",有人会误读为"zhàn"。

古人之所以用"詹"作声符是有道理的。因为"詹"有多言的意思。多言,就是多说话,而多说话就能使对方得到满足,在这儿,也指给人财物使人满足,所以"赡"以"詹"作声符并会意。

"赡"字的本义为"供给人财物,使其能生活",现在特指子女对父母在物质上和生活上进行帮助,如:赡养老人、赡养父母。

"赡"字也用来指"丰富、充足",如:宏赡、力不赡(力不足)。

唐·欧阳通《道因法师碑》

唐·孙过庭《书谱》

元·王蒙《三希堂法帖》

明·金琮《三希堂法帖》

"瞻"字改"赡"字

湖北黄冈有个团凤镇。镇上有对老夫妻,二十几年前收养了一个孤儿,夫妻俩将他抚养成人,指望他养老送终。这孤儿名叫李新生,长大成人后,只顾小家庭享乐,在城里买了房子,将两位生病的老人丢在镇上。

李新生每月回来看一次,也仅仅是看一看,分文不给,当天就回城去了。居委会张主任看不下去了。这天,她跟几位街坊邻居拦住了李新生,要跟他谈谈心。

张主任从社会公德,一直说到古代二十四孝,又说到儿女赡养义务,说得李新生低下了头,表示一定要孝顺养父养母。

张主任说:"空口无凭,你写个字据吧,这样让大伙儿放心。"说罢,拿出纸和笔,要李新生当场就写。

李新生无奈,只好一笔一画地写起来:"我保证常回家看望两位老人,我一定尽瞻养义务……"

李新生刚写到这儿,张主任说:"不对,不对!你给我重写。"

李新生看着纸上两行字,一脸迷茫。

张主任说:"你写的这是瞻望的瞻,是表示往前往上看,是目字旁。赡养的赡是贝字旁,'贝'字旁表示金钱,赡养是要花钱的,你懂吗?"

李新生听了,点点头,重写了一张:"我一定每月带钱来,尽赡养义务……"

张主任拍拍李新生的肩膀说:"孩子,我们是看着你长大的,你也是看着我和你爹妈变老的。今后你不光要带双眼睛来看爹妈,也要带钱来养活他们。"几句话,说得在场的人都流泪了。

人体受创伤

shāng 伤

小篆中有个"𥎦"字，是个左右结构的形声字。左边的"矢"字是形符，右边是"昜"字作声符，表示被箭射伤。隶变后楷书写作"𥎦"。后来在上面另加了个"人"字写作"傷"，表示人被箭射伤，这是最早的"伤"字。后来这"𥎦"字作了偏旁，古人便又另加义符"人"字写作"傷"来表示创伤的意思。

楷书的"傷"字是个左右结构的形声字兼会意字。左边的单人旁是形符，表示跟人有关，右边的"昜"字是"𥎦"字简省的写法，作声符，读"shāng"。这两个字形组合在一起，指"人受到创伤"。

古人之所以用"𥎦"字作"傷"字的声符，因为"𥎦"字指受"矢"伤，是中箭而受伤，所以"傷"字以"𥎦"字作声符并会意。楷书写作"傷"，如今简化为"伤"。

"伤"字的本义指"人或其他动物及物体受到损害"，如：伤害、伤痕、伤痛、伤亡、伤员、伤口、创伤、负伤、工伤、内伤、杀伤、死伤、伤残、损伤、外伤、误伤、养伤、重伤、伤天害理、遍体鳞伤。

"伤"字由本义引申指"因过度劳累或受冷热致病"，如：伤寒、伤风、伤凉。由此又引申指"因过度而感到厌烦"，如：伤神、伤脑筋、伤食。

"伤"字假借指"妨碍"，如：无伤大雅、无伤大体。又假借指"悲哀"，如：伤感、伤心、哀伤、悲伤、感伤、忧伤。还假借指"得罪"，如：中伤、出口伤人。

人与人切勿互伤

离夫子庙不远有条小巷叫"仁德里"。民国年间，这里住着几位知书识礼的文人，信奉以德以仁为本，因此小巷平静安宁。后来搬来个名叫牛二的小伙子，此人既无德、又不仁，还不讲理，常在外面惹事，或打伤别人，或被人打伤。被人打伤了，他不去医院，总是找在文德桥头摆测字摊的胡铁嘴治疗，或推拿，或贴药膏。

这天，他腰被人打伤了，来找胡铁嘴推拿。胡铁嘴是看着他长大的。牛二躺在竹床上，胡铁嘴一边为他推拿，一边叹息道："唉，伤得不轻——你什么时候成人，像个人样？"

牛二反问："我不是人？是鬼？"

胡铁嘴道："是鬼，加单人旁还成傀……"

牛二摆摆手："别跟我测字，我不信这套！"

胡铁嘴听了，大怒，在他背上猛一巴掌："你这不讲理的东西，坐起来！我今天就要给你测个腰伤的'伤'字！"说罢提笔写了个"傷"字。

牛二没奈何，只好坐起来听。

胡铁嘴指着"傷"字说："你受过多少伤了？你记不得，我记得，你前前后后来过九次。'傷'是什么？'傷'是一个竖人，外加右上角一个横躺着的人，这两个人表示人与人要友好相处。你的前后左右、上上下下都是跟你一样的人。这横躺着的人字下面是'旦勿'二字。何为'旦勿'？就是提醒你'但不要相互伤害'。人与人是同类，相互伤害不就成了畜牲吗？'傷'字告诉你，人与人切勿互伤。"

牛二听得很入神。胡铁嘴又写了个"商"字说："'伤'音通'商'，有事互相商量嘛。'商'字虽指商业、商店，也指商量。商人商人，互不相让，也会伤人。商场如战场，为了抢生意，就把你这种人也用上了，出点钱，让你去打头阵，或是上门讨债，或是抢地盘，或是砸人家商店，有事不按规矩商量，动刀动枪。别人赚大钱，你受重伤……你住的仁德里，过去住的都是讲仁义道德的老先生，现在碰上你，变成不仁不义的缺德里啰。"

胡铁嘴边说，边摇头叹息。牛二呆呆地听着，面孔上略有愧色。

估计后再商量

shāng
商

丙 甲骨文
禼 金文
䔼 小篆
商 隶书
商 楷书

  古代的"商"字由三部分组成，上面是个"辛"字的简省字形，下面是个"内"字。"内"字里有个"口"字。"辛"像草木，"内"表示里面，"口"指说话。合起来的意思是，像草木扎根到土壤里，也就是透过事物的表面现象，说出事物的内情。这是个会意字，其本义指"估量、估计"。

  也有人认为，"商"字的来历十分复杂。上面的"辛"字是上古时期押解俘虏的刑具。下面的"内"字形的符号，是地穴式牢狱的剖面图形。那"口"字是地牢出入口的形状，综合起来指的是关俘虏的地方。而关俘虏需重兵把守，俘虏又从事生产劳动，创造工艺品及其他产品，因此这儿成了都城，也就是后来商朝国都的所在地。商朝被周武王、姜太公率兵推翻后，商人四处流散，不得不从事商业贸易谋生，这些人就被称之为商人。而贸易交换过程需要商量、谈价钱，因此又引申出"商讨、商谈"的意思。

  以上两种说法，都有道理。"商"字，除商量外还表示商业，如：经商、通商、商场、商行、商贩、商埠、商标等。

  在除法运算中，被除数除以除数所得的数为商。

  "商"是古代五音之一，相当于现在简谱中的"2"。

  "商"是我国古时朝代的名称，从公元前1600年至公元前1046年，由汤所建。

  "商"还是一个姓氏。

"商"人嘴多会讲话

南京有位教语文的张老师，他的课讲得生动活泼，同学们都爱听。这天，张老师讲到课文中的"商"字，他解释道："古人造这商字，可真是煞费苦心呀。商人靠什么赚钱？靠大声吆喝，让顾客买自己的货物。他们都能说会道，介绍自己的商品时，你嫌这件衣服大了点儿，他说只要洗一次，缩缩水穿上正合身；你说这鞋子小了点儿，他说只要穿一天就撑大了……所以呀，'商'字里有八个口，就是说，商人做生意，用八张嘴讲话！"

这一说，同学们都哈哈地笑了，也都记住了"商"字的写法。

有个同学叫罗明，这天上课时，他思想开小差，没听到张老师的这段讲话。他在作文中写到"商店"的"商"字时，竟写成了"啇"字。把里面的"八"和"口"写成了"十"和"口"。

第二天，张老师把罗明叫上讲台，要他在黑板上默写"商店"二字，罗明却写成了"啇店"。

张老师生气地说："我不是说了吗，商人有八个口，你怎么写成十个口？你写的这个字读'dí'，在一滴水的'滴'字里用得上。"

罗明也很聪明机灵，他一看自己把"商"字写成了"啇"字，这"啇"字里是"十"和"口"。他狡辩道："张老师，现在的商人有十个口。"

张老师问："怎么多了两个口？"

罗明蛮有理地说："他们有的用手提喇叭，有的用录音广播，这不是多了两个口吗？"

张老师听了，没有生气，而是严肃地说："说笑归说笑，我们还是按古人说的写，商字里八个口。"

从此，班上同学再也没人将"商"字写错过。

将宝贝分一点当奖赏

shǎng
赏

金文和小篆的"赏"字是上下结构的会意兼形声字。

作为形声字,它的上半部是"尚",表示读音;下半部为"贝",表明这个字与金钱有关。

"赏"的本义是"奖赏、赏赐"。拿什么作奖品?以代表金钱宝物的"贝"字为赏赐之物,所以从"贝"。

说"赏"是会意字,我们就得好好研究一下声符"尚"字了。

金文的"尚"字,上部是"尚"的简省形状,省掉了里面的"口"字。"尚"原本指两坡的房子,在这儿表示"最好的"意思,也示意财宝向两边分流。"赏"字下半部的"贝"字就是分流出去作为赏赐的物品。

又因为"尚"有"尊崇"的意思,而能受到奖赏的人,大都有功劳成绩,都是受到尊崇的,所以以"尚"为声符并会意。

"赏"就是"奖赏",又引申为"奖励",如:犒赏。

领略美好的事物也称"赏",如:欣赏、观赏、赏花、赏月、雅俗共赏、鉴赏。

请对方接受邀请或要求的客气话,如:赏光、赏脸。

赏 金文

赏 小篆

赏 隶书

赏 楷书

东晋·王羲之《兴福寺断碑》　唐·薛曜《夏日游石淙诗》

生员"赏"钱给和尚

明朝洪武年间,常熟有个县学生员,到省城参加会考,因为舍不得花钱住旅馆,便去寺庙借宿,跟着和尚吃斋。他夜间好读书,庙里和尚还特地为他提供了灯油。不久发榜了,生员中了副榜,和尚向他贺喜讨喜钱,生员死活不给。没办法,和尚只好拉着他来到衙门,请县官老爷来评理。

见了县官老爷,和尚先开了口:"出家人吃八方,还要省一口供他,现在他中了副榜,从此便衣食不愁,当然得报恩给赏。"

和尚说完,生员振振有词地说:"吃你几口斋饭,就得报恩,还说什么出家人慈悲为怀,我看你也太贪财了吧!"

县官老爷听罢,立刻宣判:"和尚生员争此一口,帮了和尚不成生员,帮了生员不成和尚。"

坐在旁边写判词的文书听了,不觉糊涂了,小声向同事请教:"老爷说的什么意思?到底赏还是不赏呀?"

同事嘿嘿一笑,说:"你动脑子想想,和尚的'尚'与生员的'员'争口,不就是一个'赏'字吗!这你还不明白?"

文书照此写好,交给官老爷画押,官老爷二话没说,果然判了生员要赏钱给和尚。

船的尾部——艄

shāo
艄

　　古代的"艄"字是个左右结构的形声字兼会意字。左边的"舟"字指船，作形符，表示跟船有关。"艄"字的右边是"肖"字，这是"梢"字简省的写法，读"xiāo"。作声符并会意。

　　"梢"字与"舟"字组合，指船的尾部，称"船艄"。

　　因是指船的尾部，这跟船有关，所以古人用"舟"字作"艄"字的形符。

　　古人为什么用"梢"字作"艄"字的声符呢？

　　小篆的"梢"字是个左右结构的形声字兼会意字。左边的"木"字作形符，指"树"。右边的"肖"字作声符，读"xiāo"，"肖"字上面是"小"，下面的"月"字指"肉"。两字组合，指"细小的肉丁"。本义指"细小、细微"。"木"字与"肖"字组合，指树枝的末端，也称"末梢"。因末端的枝干最细小，所以"梢"字的本义指"末端"。"梢"字与"舟"字组合为"艄"，就表示船的尾部，称作船艄了。

　　隶变后的楷书写作"艄"。"艄"字的本义指"船的尾部"。船掌控方向的舵都放在船尾，所以掌舵的船夫就称为"艄工"或"艄公"。年长的称"总艄公"。掌舵也称作"掌艄"。

艄 小篆

艄 隶书

艄 楷书

"艄"公摇橹

北宋年间，有位写诗词的高手名叫秦观，字少游，号"淮海居士"，人称秦少游。秦少游是扬州高邮人，即今日江苏高邮人，他元丰年间考中进士，曾在地方任职，后经苏东坡推荐为太学博士、国史院编修官。他的诗词，清新婉约，大都表现相思、想念、离愁、别苦和感伤身世，读来富有感染力。

秦少游是苏东坡的得意门生。是苏门四学士之一，在民间流传的许多诗词故事中，常常提到秦观。在冯梦龙写的《三言二拍》中，有一篇"苏小妹三难新郎"，就是讲他与苏小妹新婚之夜吟诗作对的故事。

据说，这对新人后来在日常生活中，常常你唱我和，你出上联，我续下联，留下不少佳作和有趣的故事。

秦少游的家乡地处里下河地区，河汊纵横，属于水乡，出城没多远就是高邮湖。

一个春日的午后，苏小妹和秦少游在湖边散步，走到一渡口，见撑船的艄公跟几个渡湖的客商在讨价还价地讨船钱。苏小妹见此情景，吟出一上联：

艄公遥遥橹，打躬作揖讨船钱。

这上联讲了摇橹艄公讨船钱时弯腰曲背，打躬作揖的形状，他这一连串的动作，又恰巧是艄公弯腰曲背，使劲摇橹的形状，苏小妹将两者有机地融汇在一起，读来既生动形象，又充满生活的情趣。

苏小妹斜眼看着秦观，看他如何对出下联。

正巧，前面的笃的笃走来一条毛驴，毛驴上骑着位喝醉了酒的大汉，醉醺醺的，脑袋耷拉着，一颠一颠的。秦观见了，一拍巴掌，十分高兴地说："有了。请听下联……"

醉汉骑驴，颠头簸脑算酒帐。

这下联与上联一一对仗，把醉汉骑在驴背上的醉态描绘得活灵活现。下联跟上联有异曲同工之妙，共同绘制了一幅美妙的水乡风俗图。

做买卖延期付款——赊

shē
赊

赊 金文

赊 小篆

赊 隶书

赊 楷书

  金文的"赊"字，是个左右结构的形声字。左边的"贝"字表示与金钱货币有关。右边的"余"字作声符。后来这个"余"改作"佘"，成了"赊"。

  也有人认为，古代的"赊"字是个左右结构的形声兼会意字。左边的"贝"字是形符，表示与金钱货币有关。右边的"佘"字是声符，读"shē"。两形合一，指买货物延期付款、卖货物延期收款。这是两方面的事。

  古人为什么用"佘"字作声符呢？因为古代"佘"字与"余"字是同一个字，都是指"我"。买东西的人，所买得的物品为我所用；卖出东西的人，所得货款必为我所得，所以"赊"字以"佘"字为声符并会意。

  "赊"字的本义为"买卖货物时延期交款或延期收款"，如：赊购、赊销、赊账、赊欠。

  也有人认为，"赊"字本来专指买方，不包括卖方。卖方延期收款之义为贷，为"贷款"。

  "赊"字还有"宽松、松弛"的意思；又有"遥远、空阔"的意思。

  "赊"字有人往往会把右边的"佘"字写成"余"字。也常将"shē"误读为"yú"。

要现钱不贝佘——赊

民国年间,无锡城中虹桥头有家烟酒店。老板姓吴,为人谦和,店里品种齐全,又处在路口,所以生意红火。

俗话说,和气生财。吴老板为方便顾客,就在店内货物架旁备了一块木板,用以记账。这木板用白漆漆得亮晶晶的,毛笔写字后,用水擦掉。凡有顾客来拿包烟买瓶酒的,均可赊账。吴老板在木板上记下日期、姓名、价格,到时赊账的人自会来结账。

人分三六九等,有些人欠赊不还,对店家来说是件头疼的事。若是说不赊吧,怕得罪顾客;若是赊吧,有些老面皮越赊越多。这天,吴老板顿生一计,他将木板上的字全揩了,表示前账一律不计。光滑滑的木板上写着两行大字:

西女王见金戈戈,

不贝佘。

开始有些人看不懂,吴老板也不解释。过了几天,明眼人看出来了。上面一行"西女"是"要"字,"王见"是"现"字,"金戈戈"是"钱"字。说的是一句话:"要现钱。"

下面一行是"不赊"二字。上下句连在一起,告诉顾客:"请付现钱,不要赊账。"

吴老板以这种幽默的方式,警告了赖账的人,又不得罪其他顾客。其实,吴老板心中有数,对那些有赊有还的人,他还是照赊不误的。

尝味咀嚼和发音的舌头

shé
舌

甲骨文
金文
小篆
隶书
楷书

甲骨文、金文和小篆的"舌"字都是象形字，甲骨文的字形像人张大嘴巴，伸出长长的舌头有所舔动的形状。金文在舌头上加了不少小点儿，表示食物的啐屑。小篆的舌字使其整齐化，隶变后的楷书写作"舌"。

"舌"字的本义指"舌头"。"舌头"作名词用，是人辨别滋味，帮助咀嚼和发音的器官，位置在口腔底部，根部固定在口腔底上。"舌头"也指在战争中为侦察和了解敌情而活捉来的敌人；"咋舌"指吃惊、恐惧、说不出话；"饶舌"指说起话来没完没了；旧时将依靠教书谋生称"舌耕"。还有舌苔、舌炎、长舌妇、巧舌如簧等词语。

舌字由本义引申指"像舌头的东西"。如：帽子前端伸出的一小块称"帽舌"；喷出较长的火苗称"火舌"。

"舌"字由本义假借指"言语、辩论"。如：激烈地辩论称"舌战"；言辞也称"唇舌"；卖弄口舌、四处游说称"掉舌"；用花言巧语诡辩称"鼓舌"；信口胡说，搬弄是非或是无谓地争论称"嚼舌"；代表某个集团发表言论的电台、电视台或出版物称"喉舌"。"喉舌"也指人说话的器官。

长"舌"妇

在日常生活中，有个词语叫"长舌妇"。此话怎讲？光从字面上来解释是：指爱扯闲话，搬弄是非的女人。这种解释有失公允。长舌者未必都是妇人啊。搬弄是非的男人多的是，为什么偏偏要定位为"长舌妇"呢。

这个词语源头久远，出自两千八百多年前的西周末年的周幽王时期。周幽王是个胡作非为的昏君。他宠爱妃子褒姒，立她为王后。他为讨得褒姒的欢心，多次举烽火谎报敌情，以此取乐，这便是史上有名的"烽火戏诸侯"。周幽王后被犬戎杀死于骊山。后人把他亡国的下场，归罪于长舌妇褒姒。在《诗经》中还有首诗，是专门讽刺周幽王所宠爱的褒姒的："妇人长舌，维厉之阶。乱匪降自天，生自妇人。"言下之义是：这妇人长了长舌头，是祸害之根源。战乱并不是从天而降，而是这妇人造成的。

这首诗一直流传至今。历朝历代，常常把国家灭亡的责任都推到女人身上，把女人当作是祸水。这首诗所指的是褒姒一人，但后人却把"长舌妇"指向了所有的女人。

在长达数千年的封建社会里，妇女的地位是低下的，不要以为历史上出了吕后、武则天及慈禧太后这几位女强人，就以为当时妇女的地位就有多高，其实，绝大多数妇女是没有社会地位的，就连婚姻都得不到保障。

古代男子要遗弃妻子，官方列出了七个条款，称之为"七出"。"出"，可解释为休妻，逐出家门。据《孔子家语》一书记载，"七出"是指：对公婆不孝顺者；不能生育子女者；有淫乱行为者；有嫉妒心理者；有严重疾病者；有盗窃行为者；多口舌者。

用今日标准来看：不能生育子女，有嫉妒心理、身患疾病、喜欢多嘴多舌，这些都不能成为离婚的理由。

数千年来，广大妇女一直戴着"多舌妇"这顶帽子，即便今日，人们还是习惯于用"多舌妇"来指说话啰嗦、喜欢搬弄是非的人。而没人想到，这个词里有歧视妇女的意味。

圆而细长的爬行动物——蛇

shé
蛇

甲骨文

金文

小篆

蛇 隶书

蛇 楷书

古文的"蛇"字是个象形字。字形就是今天我们常用的"它"字,这是一条头大而呈三角形的毒蛇。金文和小篆中的"它"字,在几千年的文字转变中已逐渐失去"蛇"的象形。"它"字成了代词后,人们就在"它"字旁边增加一个"虫"字旁,写作"蛇",用来专门指蛇这种动物。

从"蛇"的字形看,这是个会意字,由"虫"和"它"组合。"虫"表示虫类。"它"像蛇,有头有尾。其本义指爬行动物蛇。

蛇的种类很多,有的有毒,有的无毒,但人们大都惧怕它们。

现实生活中,蛇是一种毒虫,所以有大量的词语,都以蛇为灾祸、凶恶的象征,如:杯弓蛇影、蛇蝎心肠。

因为蛇是爬行的,所以人们把伏地爬行的动作称"蛇行"。

因为蛇是曲折延续爬行的,所以对人说话做事不直来直去,假意应付,就是"虚与委蛇",也称之为"委蛇",也作"逶迤"。这里的"蛇"字读"yí"。

宋·米芾《三希堂法帖》

元·赵子昂《三希堂法帖》

蛇王说"蛇"字

星期天,王小玲跟爸爸到动物园参观。他们路过蛇馆时,只见门口围着好多人,在听一个人讲蛇的故事。小玲最怕蛇了,说什么也不愿去听。爸爸说:"去听听吧,说不定能长见识呢。"

讲故事的人是蛇馆馆长老王,人称蛇王。他脖子上绕着条大蟒蛇,一手捏着蛇的七寸,正在大声说:"各位不要害怕。这蛇头是圆形的,属无毒蛇,头是三角形的才是毒蛇。"

有人问:"不管有毒没毒,我们为什么看到它就害怕呢?"

这话小玲也想问。只听蛇王说:"问得好。大家都会写蛇字。虫旁加个它。'它'字是个象形字,形状像条毒蛇,所以,'它'就是蛇。古时候,草深林密,蛇虫出没,给人们的生命造成很大威胁,不知多少人死在毒蛇的嘴下,所以'它'就是当时最大的祸害。人们见面时不是说'你好吗'、'你吃饭了吗',而是说'没有它吗',也就是'没有蛇吗',可见远古时代的人,对蛇的危险有切肤之痛,认识极为深刻,甚至一直流传至今,人们还是怕蛇呢。"

小玲听了,忍不住问:"先生,你说的我在书上看到过。有人说,汉字中的'也'字和'巴'字也代表蛇,对吗?"

蛇王惊奇地说:"小姑娘,你懂得这么多,不简单啊!我研究蛇,也研究过'蛇'字的来历。古代人确实把'巴'字和'也'字当作蛇来解释,后来有了'蛇'字,才改作别的用场。如今'巴'字表示紧贴、靠近的意思,例如'巴结'、'锅巴'。这跟蛇爬行时,把身体紧贴地面有关呀。你说的'也'字,也是个象形字,像什么?像蛇。在古代,'也'跟'它'是同一个字。"

小玲听了,不由高兴地对爸爸说:"今天在这儿,好比上了一堂语文课。"

shè

舍

屋顶屋梁屋门组成舍

在金文和小篆中,"舍"字是个会意字。

"舍"字上面的"人"表示一个房顶,中间的"干",我们可以看成是房顶下面起支撑重量作用的梁。下面的"口"就是房子的大门。很明显,"舍"的本义是指"人居住的房子",读作"shè"。

后来,"舍"字的意义也可表示给宾客住的旅馆。在现代汉语里有"宿舍"这一说法,这里的"舍"字已经不再是提供给宾客的了,而是泛指集体住的房子。

"舍"除作房屋讲外,还可以用作猪舍、牛舍。

"舍"也可以用于对自己的谦称,如:舍下、舍弟。

"舍"也是一种计量单位。在古代,三十里为一舍。退避三舍,就指退让九十里,后比喻对人让步。

"舍"读作"shě"时,还有"舍弃、放下"的意思,如:舍得、舍己为人、舍生取义、舍本逐末。这时的"舍"字繁写为"捨",后来简化为"舍"。

"舍"也作姓氏用。

唐·孙过庭《草书千字文》

乐施不倦——老舍

中国有位著名现代作家老舍，原名舒庆春，字舍予，北京人，写过《骆驼祥子》、《茶馆》、《四世同堂》等著名作品。

据说抗日战争时期，老舍住在重庆，曾主持全国文艺界抗敌协会工作，积极从事抗战文学运动。为适应斗争需要，他写了大量小说、话剧、鼓词、旧戏、民歌等通俗文艺作品。

老舍为人幽默风趣，也很随和热情，文艺界的人士常到他家聚会。

一天，艺术家黄苗子和几个朋友到老舍家做客，老舍便饭招待。席间，黄苗子开玩笑地说："我出个谜请各位猜猜。"

众人洗耳恭听，黄苗子说："乐施不倦——打一作家姓名。"

别人还没回过神来，老舍已猜出来了。他笑着说："乐施不倦，就是经常施舍。老舍，也就是经常舍。本人叫老舍。可你这舍字不对呀。我的舍是房舍之舍，不是提手旁的施捨之捨呀！"

在当时，有提手旁的"捨"字还未简化，跟"舍"字是两个字。

这个"捨"字只能作动词用，不可和"舍"字通用。

老舍学识渊博，为人又一丝不苟，更不愿受此殊荣，所以当场谢绝了黄苗子的美意，连说"不可，不可"。

黄苗子也是个机灵人，自我解嘲地说："这是谐音谜，借用一下嘛！"

老舍和艺术家朋友听罢，都哈哈大笑，由此，谜坛和文坛都留下了一段佳话。

今天看来，这个谜语就可以这样猜了。"乐施不倦——老舍。"

用手拉弓放箭——射

shè 射

甲骨文
金文
小篆
射 隶书
射 楷书

甲骨文的"射"字是个象形字，字形就像一张弓，弓上搭着一支箭，似乎马上就要发射的样子。

金文的"射"字有所不同，它虽然承接甲骨文，在一张弓上搭着一支箭，但在箭的末尾加了个"又"字，表示一只手在准备放箭。

小篆的"箭"字将"弓"形变成了"身"字，并分为两个字体。一个字体承接甲骨文，把"弓"上的箭离开弓，变为表示箭的"矢"字。这个字读"shī"。另一个字形承接金文，把"又"字变为"寸"，指人手的一寸动脉之处，指"寸口"，在这儿也表示"手"。隶变后的楷书将这两个字形分别写作"躲"和"射"，如今规范化写作"射"，"躲"字被淘汰。

"射"字的本义指"拉弓放箭"，如：射箭、射猎。

"射"字由本义引申指"用推力、压力或弹力发出箭或子弹炮弹"。如：枪弹炮弹射出后所走的矩离称"射程"；射击后弹头能达到的范围称"射界"。射箭或放枪炮的人称"射手"。还有扫射、发射、弹射、投射等词。"射"字由上义引申指"放出光、热、电等"，如：射线、反射、放射、幅射、投射、照射、折射、直射等词。

"射"字假借指"有所指"。如：暗指某人某事称"暗射"，也称"隐射"；比喻暗中诽谤中伤他人称"含沙射影"。

有趣的"四柱令"——射

行酒令中有种"四柱令"。所谓"四柱",指的是宋朝年间会计行业的术语,分为"旧管"、"新收"、"开除"、"实在"。相当于现在的"初期结存"、"本期收入"、"本期付出"、"期末结存"。

"四柱令"就是行令时要按这四个层次来说。

民国年间,南京夫子庙有两个浪荡公子,当时沦落为地痞无赖。一个姓谢,自称是东晋名相谢安的后代,因嗜赌如命,家财输得精光,他只好在赌场靠看门过日子,偶而还得向人讨钱讨吃喝,人称"讨虫"。还有一位姓王,自称祖上是东晋名相王志,因吸食鸦片,家产也是卖得精光。如今在大烟馆靠扫地倒痰盂过日子,别点土烟灰烬过毒瘾,人称"土虫"。"旧时王谢堂前燕,飞入寻常百姓家,"这两位连平民百家姓都不如了。

这天傍晚,"土虫"和"讨虫"饥肠辘辘,便相约到乌衣巷口的"王谢小饭店"去打秋风。正巧,王老板因没客人,一人在自酌自饮。"土虫"和"讨虫"不客气地坐下说:"陪咱本家喝两盅吧。"王老板放下面子,只好说:"坐下喝吧。"为防他俩喝多了发酒疯,便道:"立个规矩,就这么点酒,我们仨行个'四柱令',作不出的不许碰杯子!"

"土虫"胸有成竹,当即行令:"旧管是个'射'字,新收一个'言'字,便成一个'谢'字,开除'身'字,实在是个'讨'字。"

"讨虫"见"土虫"在借酒令攻击自己,立马反驳,行令道:"旧管是个'丁'字,新收一个'二'字,便成一个'王'字,开除'一'字,实在是个'土'字。"

王老板见二人不分上下,便接令道:"旧管是个'蠹'(虫)字,新收一个'四'字,便成一个'蠶'字,开除'盅'字,实在是两个'虫'字!"

王、谢二人,都知道王老板骂的是自己,但也无话可说。三人端起酒杯,喝了起来。嘻嘻哈哈,倒也蛮开心。

天空电光闪烁——申

shēn 申

甲骨文 ㇒

金文 ㇒

小篆 申

隶书 申

楷书 申

甲骨文的"申"字与金文的"申"字相似，就像盛夏时节，天空乌云翻滚，电闪雷鸣，一道道闪电如金蛇狂舞。

小篆"申"字的字形，把闪电弯曲的形状改得较为平直，匀称，与现在"申"字的字形相近，但已失去了原有象形字的特征。

古人对一切自然现象的观察是十分细致的。比如对闪电，他们抓住了闪电时而伸展，时而收缩的现象，就把"申"字的本义定为"伸展、舒展"的意思。

随着文字的发展，"申"字被借用作地支中的第九位，与天干搭配，如"甲申年"。又与十二生肖相对应，申与"猴"相配。正因如此，人们又另造了个"伸"字来表示展开、伸展、伸缩。而"申"字就引申为表示"说明、申诉"，如：申报、申请、申明、申述等。

"申"是一个姓，同时还是上海的别称。

唐 虞世南 淳化阁帖　　晋 杜预 淳化阁帖　　明 董其昌

顶上出苗 地下连根——申

从前有三个人合伙做生意，他们都想占别人便宜，同时又担心被别人占了便宜，便一起来到河边赌咒发誓。

其中一个先说道："我要是玩花样，从此姓就倒过来写。"

另一个也跟着说："我要是使诈，也跟他一样，姓氏横过来写。"

最后一个说："我要是不老实，姓就调过头来写。"

正在这时，有个路人经过，听见他们的话很奇怪，就问他们各自的姓氏。三个人齐声说道："我们都是一个姓，都是'顶上出苗地下连根'。"

路人一听"扑哧"笑出了声："出苗连根分明是个'申'字嘛。怪不得你们的姓氏再怎么颠倒也不碍事啊。"

大肚子孕妇——身

shēn 身

甲骨文
金文
小篆
隶书
楷书

甲骨文的"身"字是个象形字。字形就像一个挺着大肚子,有孕在身的孕妇的样子。此字的意思指"身孕"。

金文的字形由甲骨文演变而来,大致相似。

小篆的字形由金文演变而来,使其文字化,隶变后的楷书写作"身",就像个挺直腰板身材瘦长的人。

"身"字的本义指"身孕",也就是"怀孕"。如:"身子",既指人的身体,也在口语中指身孕,一般说作:她有了身子。

"身"字由本义"怀孕",引申"指人和动物的躯体"。如:人的身体、体格称"身板";人身体的高矮胖瘦称"身材";人的高矮称"身长"。女子的身姿体态称"身段"。还有身躯、身心、单身、动身、独身、翻身、空身、卖身、搜身、随身、脱身、半身、投身、上身、粉身碎骨等,都与人的躯体有关。

"身"字由上义引申指"物体的主要部分",如:机身、车身、树身、床身等。

"身"字由"身躯"引申指"本人、自己",如:身教、身家性命、切身、亲身、替身、贴身、自身、本身、身临其境。

"身"字假借指"人的地位",如:身份、出身、身价、身败名裂。又假借指"生命",如:丧身、身亡、身后、舍身忘死、献身、杀身成仁、奋不顾身。

"身"字还假借"品格、修养、本领",如:身手、修身养性。

"身"入狼邦生死外

秦始皇在统一六国的进程中,除了平息宫廷内乱,还率兵作战,攻城掠地。他要拼吞六国,成为众矢之的,六国要联合对付他,除了正面战场,还有隐蔽战线,不少侠客壮士,或出于爱国之心,或受人雇佣,千方百计要暗杀他,其中最著名的便是荆轲、高渐离、樊於期等人。

荆轲,是战国末期卫国人,文武双全。他游历到燕国,被燕太子丹看中,拜他为上卿。不久,秦始皇率军消灭赵国,又向燕国边境侵犯。太子丹很惊慌,就与荆轲、高渐离等商量,准备派刺客劫持秦王,迫使他停止侵犯他国,交还被占领土。经过一番谋划,劫持秦王的重任,交由早就对秦王拼吞六国深为愤恨的荆轲担当。他们设计好,由荆轲带着燕国愿意进献领土的地图给秦王看,地图卷起来时,里面藏着一把匕首,待摊开来看时显出匕首,以此劫持秦王。秦王防卫森严,不易接近,为获取其信任,被燕太子收留的秦国叛将樊於期,就拔剑自刎,将自己的脑袋和燕国地图一并献给秦王。于是,在一个秋风阵阵的早晨,太子丹在燕国边境的易水边,摆下酒水,为荆轲壮行,音乐家高渐离击筑(一种乐器),荆轲伴着乐曲,引吭高歌:

风萧萧兮易水寒,壮士一去兮不复还!

荆轲驾车而去,没有回头。荆轲到了秦国,也接近了秦王,但就在握起匕首刺向秦王时,被他挣脱,荆轲被乱刀砍死。死后,有人在他墓旁竖立了一座石碑,碑上刻着一副对联:

身入狼邦,壮志匹夫生死外;
心存燕国,萧寒易水古今流。

这副对联,如今还竖在陕西咸阳城外的荆轲墓旁。上下联通俗易懂。开头"身入狼邦"四个字,把人们带入一个阴森恐怖的境地,更显出荆轲视死如归、置生死于度外的英雄气概。

如何评价秦始皇?如何评价荆轲?这是个争论不休的话题。今人如何看待这个故事?恐怕也只有到历史的长河中去寻觅。

一字一世界

束腰的大带子——绅

shēn
绅

金文
小篆
绅 隶书
绅 楷书

　　小篆的"绅"字是个左右结构的形声字兼会意字。左边的"绞丝旁"为形符,表示跟丝或丝织品有关。"绅"字右边的"申"字读"shēn",作声符并会意。

　　"申"字与"丝"字组合,指古代官员用丝线编成的束腰的大带子。因是指用丝织成的束腰大带子,这跟丝织品有关,所以古人用"丝"字作"绅"字的形符。

　　古人为什么用"申"字作"绅"字的声符呢?

　　有学者认为,古代的"申"字,字形与"束"字相似,一竖的中间是个方框,当中一短横,表示用绳索之类将东西捆扎在一起,有捆扎及束身之义。而官员们束在腰间宽大的带子是用来束身的用品,所以古人用"申"字作"绅"字的声符并会意。

　　楷书的字形由小篆演变而来,写作"紳",后简化为"绅"。

　　"绅"字的本义指古代官员束在衣外腰间的大带子。"绅"字由本义引申指"束大带子的人"。束这种大带子的人除了官员,也泛指士大夫阶层及有名望的人,这些人称"绅士"。地方绅士所掌握的权力称"绅权";地方上仗势欺人的绅士称"豪绅";品行恶劣的绅士称"劣绅";乡间的绅士称"乡绅";年老有声望的绅士称"耆(qí)绅"。

"绅"士风度

"绅"字本义指官员束在外衣腰间的大带子。

这本是官员的一种标志，腰中束个带子。因官的职位有高低，带子的长度有严格规定。据《礼记》记载："绅长制士三尺，有司二尺五寸。"在秦朝之前，"士"是贵族中级别最低的一个等级，往上是卿和大夫。按当时规定，"士"束在腰上的"绅"长三尺。一般官吏的"绅"略短些，二尺五寸。

为什么要规定官员腰上要束根带子呢？这是要求官员们恭敬谨慎，要求他们每时每刻要记住自己是官员，要谨言慎行，要他们像这条"绅"一样自我约束，不要放肆。所以后世就把这个阶层的人称为"绅士"。

随着时间的推移，束这种腰带的人多了起来，也不再是官员的专利，凡在地方上有钱有势，或者曾当过一官半职的人，也束起了这种腰带，便也称绅士。也有一些出身贫寒，但取得功名，受人敬仰的人也称"绅士"。一般说来，称"绅士"的人大都是地主和退职官僚阶层，这么一来，这个群体的人就复杂了，所以到近代，便有了"土豪劣绅"和"开明绅士"这些名称。

"绅"字除了我们所熟知的"绅士"一词外，古代还有"缙绅"这一称呼。为何这么说呢？因为"缙"与"搢"古代是通用的。而"搢"有提手旁，作书面语有"插"和"摇"这两个意思，《汉书》颜师古解释道："缙，插也，插笏于绅。""笏"读"hù"，是古代朝廷大臣见皇帝时手中所执的狭长手板，按等级分别用象牙、玉石制成。一般用竹子制作，故"笏"用竹字头。这笏上用来记事，以防忘了要向皇帝禀报的事。这个"笏"一直拿在手中不便，就插在腰上的绅带里，这是古代官员的固定装束，因此用"缙绅"代指官宦。

"绅"从"申"，表示很神气，"绅"，音通"身"，表示有身份，有气势，这些人在地方上属有头有脸有地位有知名度的人，故称"绅士"，后来词义扩展，把现代男士在社交中讲究仪容举止，风姿优雅的样子称为"绅士风度"，把君子协定称为"绅士协定"。"绅士"一词，与"官僚"渐渐脱离，成了更有个性的"绅士"了。

一字一世界

水从上到下距离大——深

shēn
深

金文

小篆

深
隶书

深
楷书

　　小篆的"深"字，是个左右结构的形声字兼会意字。左边的"水"字是形符，表示跟水有关。右边的"罙"字是声符，读"shēn"。这两个字形组合在一起，指"水从水面到水底的距离很大"。因表示水深的距离，所以"深"字用"水"字作形符。

　　古人为什么用"罙"字作"深"字的声符呢？

　　古代的"罙"字是个会意字，表示人手持火把进入洞穴探寻之意。后"罙"字作了偏旁，探寻之义另加提手旁写成"探"，幽深之义另加三点水写成"深"。由此可见，"深"字是由"罙"字衍生出来的，"罙"字是"深"字的本字，有从里到外距离大的意思，所以"深"字用"罙"字作声符并会意。

　　隶变后的楷书写作"深"。

　　"深"字的本义指"从外到内或从上到下距离很大"。如：深浅的程度称"深度"；程度深、范围广称"深广"；离山外很远的山区称"深山"。深层、深海、深化、深切、深浅、深入、深渊、高深、加深、纵深等，都指内外或上下的距离很大。

　　"深"字由本义引申指"程度高的"。如：深入透彻或感受程度深称"深刻"；深刻而透彻称"深透"；深刻地思考称"深思"。深沉、深通、深远、深知、深造、深重、幽深等，都指程度高。

　　"深"字假借指"时间长、久"，如：深秋、深夜。又假借指"关系密切"，如：深厚、深交、深情。由时间长引申指"颜色浓"，如：深红、深绿、颜色太深。"深"字由本义引申指"语言文字高深不易弄懂"，如：深奥、由浅入深、题目深、学问深等。

　　"深"字也作姓氏用。

探源水漫手——深

　　连续几天的暴雨，把小河和池塘都灌满了。地处淮河边的王家村，眼看就要被大水淹没了。一方有难，八方支援，邻近的张吴村、罗家桥的乡民们，冒着大雨，扛着铁铲，挑着箩筐，纷纷来参加抗洪抢险。

　　不久，风停雨止，云开日出，似乎换了人间。但村长及几位老人不敢急慢，指挥几个壮小伙子轮流扎到水底，排查水下涵洞有没有被堵塞，防波堤上有没有漏洞，清理堆积在河湾的杂树烂木头，以防堵塞泄洪。

　　担任现场指挥的是退休小学校长吴长顺，村里人都尊称吴爷。眼前都是他的学生，属子侄辈，没有一个不听他的。有两个小伙子用脚在深水里排查障碍物，他们不以为然地问："吴爷，你叫我们在水底找烂木头。水底哪有木头呀？"

　　吴爷问："'深'字怎么写？拌饭吃下肚了吧？"

　　小伙子们齐声说："'深'字是三点水，右边半个'空'字下面一个'木'字。"

　　吴爷笑着说："对啰，什么叫深？树在水下都看不见就是深。一般讲，漫过人头为深，泡着膝盖以下为浅。'深'音通'伸'，树根伸到地底下就是深。"

　　小伙子们站在水中，仰着头，听得很入神，就像当年听吴校长讲课一样。吴爷见他们劳累了半天，便招呼大家上岸休息。他坐在树墩上，说："我出个字谜大家猜猜。"

　　　　河水涌下遊，一点空没有；
　　　　林被淹一半，探源水漫手。

　　这个字谜，是吴爷即兴创作，未及仔细推敲，谜底是"深"字。第一句突出水字，带出三点水旁，同时指出王村地处淮河下游，易遭洪灾。第二句指抗洪紧张，没一点空闲，同时带出"深"字右上方。第三句指大水淹没树木，同时带出"深"字右下方的"木"字。最末一句"探源水漫手"，是总结，指小伙子们在水下堵漏洞，手浸水中，即三点水代替了"探"字的提手旁，谜底是"深"字。

人体直立不弯曲——伸

shēn 伸

小篆
伸 隶书
伸 楷书

"伸"字是个左右结构的形声字兼会意字。左边的单人旁作形符，表示跟人有关。右边的"申"字读"shēn"，作声符并会意。

"人"字与"申"字组合，指人的身体直立而不弯曲。因与人有关，所以古人用人字旁作形符。

古人为什么用"申"字与"伸"字的声符呢？

最早甲骨文的"申"字是个象形字。字形像闪电舒张的样子。金文承接甲骨文。小篆的字形将闪电拉直。隶变后的楷书写作"申"和"电"两种字形。"申"字的本义指"闪电"。因为闪电有伸展和伸直之义，所以又引申指"伸直、伸展"，又引申指"说明、陈述之义"。后来古人在"申"字左面加单人旁，专门表示"伸展"和"伸屈"之义。由此可知，"申"字是"伸"字的本字，是最早的"伸"字，难怪古人将它作为"伸"字的声符并会意了。

楷书的"伸"字由小篆演变而来，写作"伸"。

"伸"字的本义为舒展、展开。如：延长缩短称"伸缩"；比喻向别人讨东西称"伸手"；挺直身体称"伸腰"；扩大、张大称"伸张"；伸展、延长称"延伸"。还有伸长、伸直、欠伸、屈伸，能屈能伸等词。

"伸"字由本义假借指"表白"，如：申诉自己所受的冤屈，希望得到洗雪称"伸冤"，也称"申冤"。

为避讳"伸"字误公事

　　古代的避讳，分为公讳和私讳。公讳是避帝王之讳，那是违背不得的。官员个人或一般平民的家讳都属私讳，是私人之间的事。有些官员为了避家讳，竟蛮横无理，拒不执行公务。这在史书上也有记载，今试举一例。

　　却说北宋时的宋徽宗政和年间，担任常州知州的官员名叫徐伸。这徐知州为人迂腐，也极自私。对日常事务敷衍了事，对朝廷交办的事，也是拖拖拉拉。

　　这一年初春，有一支官船船队，停靠在常州装货。不料货物刚装上船，当晚来了一伙强盗，将大批货物偷走。押运官没法交差，就写了申报状，写明被盗物品名称和数量，并将此申报状亲自送交常州衙门，请求尽快搜捕盗贼，以便向上司有个交待。可数天后，常州衙门没有动静，也没有回音。

　　押运官心急如焚，不知是何原因。于是又接连写了三份申报状，要求尽快破案，好补充被盗物资，尽快北运。但押运官的报告如泥牛入海，毫无音讯。

　　押运官万般无奈，就托人四处打探。后来从徐知州家厨师那儿得知，徐知州在吃饭时大发牢骚，说押运官的申报状，触犯他的家讳。所以不办。按理说，这只是触动了徐伸的嫌名。所谓嫌名就是用了"徐伸""伸"字的同音字"申"字。照理，嫌名不算犯讳的，何况"伸"与"申"字形不同，更不在避讳之列。

　　押运官是个有担当、有胆量的人。他直闯知州府，见到徐伸，也不管有人在场，大声说："本官负责押送皇家物资，重任在身。大批货物在常州被盗，该案应属常州审理。我多次写申报状，请求在被盗物资尚未转移他地时，尽快搜捕盗贼，可你不理不睬，不按申报状派人查处，拖延至今，盗贼已逃之夭夭，你该当何责？你既然不问此事，那么我就给提点刑狱写申报状，给转运使写申报状，给廉访使写申报状，给节度使写申报状，给尚书省写申报状，给御史台写申报状，给朝廷写申报状，直到我死后才罢休。"

　　这押运官一口气说了这么多申报状，都是有意说给徐伸听的。他一级一级地说上去，表示自己上报的决心，也是对徐伸为一己之私而不顾公务的恶劣行径的强烈谴责，还借此对他的所谓家讳作了无情的嘲讽。

沉溺于男女情爱——甚

shèn 甚

金文
小篆
甚 隶书
甚 楷书

小篆的"甚"字是个上下结构的会意字。上面的"甘"字表示"甜美、快乐、美好"。下面的"匹"字有"匹配、配偶"之意。"匹"字与"甘"字组合,指"男女沉溺于甜美的情爱之中"。

楷书的字形由小篆演变而来,写作"甚"。

"甚"字的本义指"过于喜爱",由本义引申指"很、极"。太厉害、太狠、太过分称"太甚",如:欺人太甚。"甚"字表示"很有希望",很值得庆幸,特别荣幸称"幸甚"。形容议论纷纷,一片哗然或反动言论十分嚣张称为"甚嚣尘上"。由上义引申指"超过",如:"甚至"称"甚而",或称"甚或"。"甚至"是强调突出的事例,如:这块石头太大,甚至四五个壮汉都抬不动。

"甚"字还引申指"严重"。如:"他前天生病了,今儿更甚。"这话的意思是今儿病得更加严重了。

"甚"字是个多音字,读作"shén"时,义同"什(shén)",指"什么",如:甚至人?为甚么?要它作甚?

"甚"和"不求甚解"

"甚"字作形容词用，表示过分，如"欺人太甚"；也作动词用，指"超过，胜过"。如"日甚一日"；也作副词用，表示"很、极"。如"甚佳"。

有个成语叫"不求甚解"。因为对其中的"甚"字，前后理解不同，因而对这一成语的使用发生了偏差，以至今古的意思完全不一样了。

这一成语的典故，出自东晋时期的诗人、大文学家陶渊明的《五柳先生传》。陶渊明不满官场的黑暗污浊，不愿再做官，他宁愿隐居山村，过自由自在的田园生活，所以他的诗文，大多是描写山村景色，《归田园居》、《饮酒》、《桃花园诗》等均为他的代表作。

陶渊明还写过一篇《五柳先生传》。表面上看，这是他为一位名叫五柳的人写的传记。其实这位五柳先生就是陶渊明自己的化身。陶渊明和妻子居住农村时，自己耕田劳作，曾在住家门前种了五棵柳树，他也自号"五柳先生"。

在《五柳先生传》中，谈到读书感受时，陶渊明借五柳先生之口，说自己"好读书，不求甚解，每有会意，便欣然忘食"。从中可见，他非常喜欢读书。喜欢到什么程度呢？每当领会书中精妙之处时，便忘了吃饭。什么叫"不求甚解"呢？从这段话的上下文看，他的意思是读书不要死钻牛角尖，不要抓住无关紧要的细节，在字句解释上纠缠，而是要领会书中的精神实质，正因如此，他才"每有会意，便欣然忘食"。

后人对于"不求甚解"这句话，只看表面意思。把其中的"甚"字理解为"非常"、"十分"和"很"的意思。"甚解"理解为"非常了解"，加上"不求"二字，就变成"不求深入理解，只求懂得个大概"了。所以，现在的"不求甚解"，都指读书很不认真，不求深刻领会；也指对工作不深入调查研究，马虎了事，把这也称作"不求甚解"。

古今理解不同，从字面上看，"不求甚解"这样理解也说得通。既是约定俗成，为一千五百多年来的民众所认可，那就悉听尊便，不再改动了。

认真细心小心——慎

shèn
慎

金文
小篆
慎 隶书
慎 楷书

小篆的"慎"字是个左右结构的形声字兼会意字。左边的"心"字作形符,表示跟人的心理活动有关。

"慎"字的右边是"真"字,读"zhēn",作声符并会意。"真"字与"心"字相组合,表示十分细心、小心和认真。因是指小心、细心,这跟心理活动有关,所以古人用"心"字作"慎"字的形符。

古人为什么用"真"字作"慎"字的声符呢?

"真"字有真实、真诚、认真之义。凡细心、小心做事的人,除了认真,还一定要有诚实、真诚之心。凡认真办事首先要诚实无欺,否则就无从谈认真。所以古人用"真"字作"慎"字的声符。

楷书的字形由小篆演变而来,写作"慎","慎"字的本义指"细心、小心"。如:古人有一种修养方法,人在独处时谨慎不苟,叫做"慎独";谨慎认真称"慎重"。还有慎言、慎行、不慎、审慎、慎密、失慎等词。

"慎"字也作姓氏用。

真心创作有人看——慎

这天,郑导带队到浙江横店影视基地游览。不少电影和电视剧在这儿拍摄,游客们既看风景,又参观拍摄现场,碰巧还能看到自己崇拜的大牌明星和大导演。

中午休息时,游客们在一个庭院里看一位大胡子导演在指挥拍戏。随着导演一声"OK",演员们如释重负,纷纷找个角落坐下休息。

郑导是位"交际家",没讲几句话就跟导演混熟了。当大胡子听游客说郑导擅长拆字解字时,他问郑导:"我们这部戏今日开机,你给我测个字,看将来前景如何?"

郑导说:"我只会拆字解字。你说个字吧。"

大胡子道:"我姓诚名慎。你就给我测'慎'字。"

郑导赞道:"嚯,吓人哪,陈胜吴广呀!"

大胡子道:"我是'诚恳'的'诚','谨慎'的'慎'!"

郑导随即打开小本儿写了个"慎"字说:"这名字好,姓与名合而为一。慎字拆开是'真'与'心',真心为诚啊。你的姓与名,就是'真心诚意'!"

大胡子摆摆手:"不谈我的姓与名。测测'纯洁的爱情'这部电视剧,将来收视率会怎样?"

郑导想了想说:"你在拍的这'纯洁的爱情'不就是个'慎'字吗?这剧名有点老气,但返璞归真,在中老年中有市场。剧名跟收视率有点儿关系,但关键还是靠这电视剧的质量,看剧情是不是真实可信,演员演得是不是有真情实感,导演是不是真心实意……这些,都在你这'慎'字里啊。"

大胡子深表赞同:"看来你是内行呀,实话实说,我导这部戏心中没底,总是提心吊胆……"

郑导赞道:"这就对了,干正事儿要有勇气,但也要有畏惧心。畏惧什么?畏惧观众不买账,畏惧大把大把的钱打水漂。从这'慎'字里你可看出来,'慎'中包含畏惧心……"

量粮食的器具——升

sheng
升

甲骨文

金文

小篆

升 隶书

升 楷书

甲骨文的"升"字是个象形字，也是个指事字。字形就像斗中盛有粮食，可能是斗小，有不少粮食洒在外面，这些散落的小点儿表示用斗量时多下来的。

金文的字形由甲骨文演变而来，但省去了小点儿，仅仅是表示量器，不暗示量器的大小。

小篆的字形由金文演变而来。楷书的字形由小篆演变而来，写作"升"。

"升"字的本义指"量粮食的器具"。

"升"字由本义引申指量词，如：十合为一升，十升为一斗。公制中计算容量单位，一升为一千毫升，合一市升。

"升"字由本义假借指"由低向高移动"。如：学生升级称"升班"；上升幅度称"升幅"；升高和降低称"升降"。还有升旗、升腾、升华、升涨、升值、升帐、上升、旭日东升等词语。

"升"字由本义还假借指"升官、提拔"，如：升迁、晋升、提升、擢（zhuó）升。

模拟测字话升官——升

无锡梁溪谜语研究会会长马汉文,跟南京钻研汉字的奇人郑可鉴交上了朋友。这天,众人酒酣耳热之后,马汉文问道:"听说你测字出神入化,令人叹服,今日能否露一手,让我等开开眼界,饱饱耳福?"

小陶道:"来个模拟表演吧。就比方我想升官发财,请你测个'升'字,看我官运如何?"

郑可鉴掏出本儿写了"升、昇、陞"三个字说:"甲骨文的升字像斗,几个小点儿象征倒酒进献之义。隶变后楷书写作'升'。本义为进献,后来引申为'上升'。《说文解字》解释为粮食的器具,后来假借指'升官、提拔'。这里有点差异。后来'升'字专门用作量具和容量单位。而上升、升迁之义就另造'昇'与'陞'表示。现在这两个字都简化为'升'了。我讲'升'字的变迁,是避免犯常识错误。你今日问'升官发财',我才能拓展开去,否则只能围绕几斗几升来讲了。"小陶说:"那就以'升'开讲吧。"

郑可鉴凝神想了想,又写了'开'字说:"测字要找话题,往主题上引。这'开'字与'升'字相似。'开'字有抬脚迈开大步向前走的意味。但'升'字上面开了个口子,漏了气,升不上去,又不能向前。"小陶插嘴道:"那我升迁无望啦。"

郑可鉴道:"岂止如此,这'升'字有'开'字形,加个铡刀便是'刑'字。你行贿买官,有刑法侍候。"

众人大笑,郑可鉴又分析分析道:"'升'字开头一撇一横是'乱'字始,最后两竖是'弃'字终。你为求升迁属始乱终弃,白花钱,还惹祸,你图啥呢?"

众人听了,连声称妙。郑可鉴指着"升"字开头一撇说:"你一开始就偏向了,偏的吓人呢。"

小陶问:"偏的有多吓人呀。"

郑可鉴说:"'升'字拆开是二十加一撇。一字二十撇,撇撇撇撇地甩出去,你别说升官,就连老婆孩子亲朋好友都把你撇到一边儿去啰!"

小草破土生出地面

shēng
生

甲骨文
金文
小篆
隶书
楷书

"生"是一个象形字。在甲骨文中,"生"的字形就像一棵刚破土而出的小草。最下面一横表示地面,与地面垂直的是一根小草,小草有两片小叶子。到了金文中,小草的叶子就长得茂密些了。在小篆中,茂盛的枝叶慢慢就演变成了与地面平行的一横,所以就形成了今天的"生"。"生"的本义是植物的萌发和生长。

在现代汉语里,"生"也有生长的意思,也可以引申为"妇女生育",即生孩子。"生",表示"生存、活",跟死相对,如:生路、舍生忘死、生死与共、生不如死、生死相交。"生",表示"生命",如:舍生取义、丧生。"生",也表示"生疏",如:生人、生字、认生、人生地不熟。

"生龙活虎"是形容一个人很有生命力的样子。

"生"也可以表示"发生、产生",如:生病、生事。

"生"也表示"一辈子",如:生平、平生、一生一世。

"生"也可以表示"果实、食物没有熟"。"这肉是生的",是说肉没有煮熟。"西瓜是生的",是说西瓜没有长成熟。"生"在这个意义的基础上,还可以引申为"没有进一步加工或提炼过的东西",如:生铁。

"生",也表示"勉强",如:生硬、生搬硬套。也有"很、十分"的意思,如:生怕、生恐、生疼。另外,在戏曲中,"生、旦、净、末、丑"中的"生"是一个角色,一般由男性来扮演。

"生",还用来表示"正在学习或培训的人",如:学生、实习生、研究生。

"生",在旧时把读书人称为生,如:书生。

"生",也作姓氏用。

牛在地上走——生

抗日战争时期，在苏北抗日根据地，曾有过一个拆字鼓舞士气的故事，说来很有趣。

新四军第三师有位陈指导员，奉命带领几位伤病员，转移到后方医院去。行军途中，遭到日军追击，他们只好躲到芦苇丛中，继续赶路。

日军追得很急，而且还在调动部队，准备将这批伤病员包围起来。如果不尽快跳出敌人的包围圈，就有被消灭的危险，所以陈指导员下令：加快脚步向前走。

走了一阵，伤病员们实在走不动了，一个个坐在地上。陈指导员看在眼里，急在心上。

陈指导员拨开芦苇丛，看到远处一条水牛，因受敌人枪声的惊吓，正向村庄奔去。

陈指导员对同志们说："你们看，那牛儿四蹄着地正往家里奔，它为的什么？为的是求生啊。我们也要迈开脚步，一步步向根据地走，这样我们才有生路啊。"说罢，他在手掌心里写了个"生"字，又说，"难道我们连牛也不如吗？"

战士们听了指导员一番话，觉得既有趣，又受鼓舞。一个个相互搀扶着，向前走去，终于跳出了敌人的包围圈，回到了自己的根据地。

物体震动发出声音

sheng
声

声 甲骨文
声 金文
声 小篆
聲 隶书
声 楷书

　　甲骨文的"声"字是个会意字，左上角像个"磬"字。古代的"磬"字是个形声字，上为声符，下为形符，表示巨大的石头。在甲骨文的"声"字中，右边像一只手拿着一个槌子在敲打"磬"的样子，中间是一只耳朵。合起来表示用槌敲打磬，有音入耳便是声。

　　小篆"聲"的字形由甲骨文简化而来，是个上下结构的形声字，上面的"殸"为声符，下面的"耳"为形符，表示与耳朵有关。楷书的"声"字由小篆变化而来。后取繁体字"聲"字中的一部分为简体字，即今日之"声"。

　　"声"字的本义指"声音"，如：声带、声浪、声气、声腔、声色、声息、声响、声乐、声学、低声、发声、风声、高声、呼声、回声、雷声、连声、铃声、悄声、炮声、失声、无声、掌声。

　　"声"字由本义引申表示"宣布、宣称"，如：声明、声称、声辩、声援、声讨、声张、声言、扬声、声东击西、口口声声。

　　"声"字又假借指"声母"，如：声符、双声、双声叠韵。

　　"声"字还假借指"声调"，如：平声、轻声、去声、上声、四声。

　　"声"字又假借指"名誉"，如：声望、声誉、声威、声名狼藉。

　　"声"字也作量词用，如：他大吼一声。

　　"声"字也作姓氏用。

[瓦当欣赏]

秦汉瓦当

为谜友壮行——声

中国在海外创业的华人，成千上万，难以计数。在南非的一个小岛上，有位祖籍宁波的声先生，开了家皮件厂。声先生年近八十，没有子女，他要唯一的侄儿声志移民南非，接受遗产。

声志在宁波当教师，小日子过得很滋润。他在这儿有许多学生，还有谜语协会不少谜友，再说自己已到不惑之年，跑那么远去再投一次胎做人，值得吗？

声志拿不定主意，于是请好友老丁、大冯、小刘几个人到一家饭店聚聚，为他参谋参谋，要不要去南非。

这三个人在去饭店的路上，统一了口径。他们不仅要鼓励他去，而且每人都准备了一个字谜，到时亮出来，为他壮行。

几个人进得包间，纷纷落座后，声志紧锁双眉，说出了自己的苦恼。老丁快人快语，说道："这有啥好皱眉头的呢？这是件喜事儿，这叫喜上眉梢。来，干一杯！"

众人一饮而尽。大冯说："老刘这'喜上眉梢'，是个绝妙的字谜，'喜'字上为'士'，加上'眉'字上半部那一块，合起来是个'声'字，那我就来个'喜上心头'，如何？"

小刘抢着说："你这'喜上心头'，是'喜'字上的'士'字放在'心'上头，这是'志'字，指我们'声志'大哥嘛。听我的，我来个'直上云霄'！"

"直上云霄"，好气势，好文采！在"云"字上加一竖（直），就是个"去"字。三位好友，以喜上眉梢、喜上心头、直上云霄三句吉利话，说出了"声志去"三个字，鼓励好友去南非创业，为他壮行。

供祭祀用的牛羊——牲

sheng
牲

牲 甲骨文
牲 金文
牲 小篆
牲 隶书
牲 楷书

甲骨文的"牲"字是个会意字。左边是一只捆绑着的羊。右边是个"生"字，指完整之义，表示用完整的牛羊来祭祀祖先神灵。

金文将羊换为牛。小篆承接金文，变成了一个左右结构的形声字兼会意字。左边的"牛"字表示跟"牛"有关。"牲"字右边的"生"字读"shēng"，作声符并会意。

"牛"字与"生"字组合，指"用完整的牛羊祭祀祖先神灵"。因是用牛羊祭祀祖先神灵，这跟牛羊有关，所以古人用"牛"字作"牲"字的形符。

古人为什么用"生"字作"牲"字的声符呢？

"生"字有"出生、生长"之义。古人作祭祀用的家畜以牛羊为主。牛羊从生下来到完全长成有个生长过程，然后才能用。而"生"有"出生"和"生长"之义，所以古人用"生"字作"牲"字的声符并会意。

楷书的字形由小篆演变而来，写作"牲"。

"牲"字的本义指"供祭祀用的全牛全羊"。如：用于祭祀用的牛、羊、猪称"三牲"。古代为祭祀而杀的牲畜称"牺牲"，也指为正义的事业而舍弃自己的生命，也泛指放弃或损害一方的利益。"牲"字由本义引申指"家畜"，如：牲畜、牲口、宰牲节。

"牲"和"牺牲"

"牲"字除了用于"牲口"、"牲畜"这几个词以外,用得较多的当数"牺牲"一词。"牺"字本是书面语,指古代当作祭品用的毛色纯一的牲畜。人们把这些牲畜称为"牺牛"、"牺羊"等。

《周礼·庖人》中指出:"始养之曰畜,将用之曰牲。"这话的意思指牛平时放牧或用作耕种时,称为之"畜"。但若被选中当作祭祀品时就称作"牲"。

也有人认为,祭祀时,用的如果是不完整的牛,就称作"牛"。而用的是完整的牛作祭品,那就得称"牲"。

祭祀用的"六牲"是指牛、马、羊、豕(猪)、犬、鸡。春秋时期按礼节规定,平时一般的祭祀不用大牲畜,只用犬、鸡这类小牲畜。由此看来,"牺牲"一词,指的是供祭祀用的纯色又完整的大牲畜。

《左传》一书记载,鲁庄公十年,齐国将要进攻鲁国,鲁庄公准备迎战。大夫曹刿(guì)问他:"你凭什么能战胜齐军?"

鲁庄公道:"我有好物品,都与他人共享,从不敢一人独享。"

曹刿说:"此乃少数人享用,不是所有百姓都能享受到的。百姓们是不会为你去卖命的。"

鲁庄公又说:"我祭祀时用的牺牲玉帛,从不有假,老天爷会保佑我。"

曹刿道:"这是你应该做到的。神不会为此而保佑你。"

鲁庄公又说:"我对百姓们的纠纷案例,虽不是都审理得人人满意,但我力求合情合理。"

曹刿听罢,说道:"你为民众尽心尽职,就凭这个,你能与齐军决一死战了。"

从这段对话可看出,鲁庄公所说的"牺牲玉帛",指的是玉帛和牲畜,这里的"牺牲"二字,不是指"舍弃了玉帛"而仍然是指祭祀品"牲畜"。有专家考证,只到了清朝末年,"牺牲"二字才由恭恭敬敬地献上"牺牲"这种祭祀品,慢慢引申为为正义而英勇献身的词义。这一转变,终于把名词的"牺牲",转变为动词的"牺牲"。

一字一世界

姐妹所生的子女——甥

shēng
甥

  古代的"甥"字，是个左右结构的形声字兼会意字。右边的"男"字是形符，表示跟男子有关。左边的"生"字是声符，读"shēng"。这两个字形组合在一起，指"姐姐或妹妹的儿子"。因指的是姐妹的儿子，所以"甥"字用"男"字作形符。
  古人为什么用"生"字作"甥"字的声符呢？
  古代的"生"字，有"生育"的意思，而"甥"是姐妹的儿子，是姐或妹所生，所以"甥"字以"生"字作声符并会意。
  隶变后的楷书写作"甥"。
  "甥"字的本义指"姐姐或妹妹所生的子女"，如：外甥、外甥女。
  "甥"字，也用来称女儿的儿子。在古籍中，也指外孙或女婿。

甥
小篆

甥
隶书

甥
楷书

生男是甥

汉字博大精深，它不仅是人们思想交流、文化传承的法宝，还是人们娱乐消遣的快乐源泉。茶余饭后，喜庆场所，人们相聚时，常吟诗作对、猜谜语、玩文字游戏，乐在其中，其乐无穷。

这天，王先生家儿子结婚，在同庆楼大摆宴席，亲朋好友，齐聚一堂，为新人的幸福开怀畅饮。

坐在主桌的是新郎新娘的家人。王先生跟亲家老李既是同事，又是朋友，亲如家人。酒过三巡，有人提议，两位亲家都是文化人，该作首诗，写首词，来副对联，为婚礼留点儿纪念。

王先生听了，点头称是，对老李说："亲家，你高才，先领个头吧，我们紧紧跟上。"

老李说："好吧，今日小女出嫁，我就以此为题，来句三字经吧。各位听着：嫁家女。"

老李只说了三个字，说把家里女儿嫁出去了。一个"嫁"字，又拆成"家"与"女"，紧凑简洁，又很朴实，众人喊好。

轮到亲家王先生了。他跟着说："好女子。"

这三个字跟得妙。这"好"字既赞美了儿媳，又把"好"字拆成了"女"和"子"两个字，听来情真意切，毫不做作。众人拍手喊好。

接着该轮到新郎的舅舅了。他指指自己的外甥说："孕乃子。"

这三个字跟得更妙。结婚生子，怀孕后生下的孩子就是外甥的儿子啊。"乃"与"子"又可合成"孕"字。

下面该轮到新娘的哥哥了。他迟疑了一会，为难地说："不好意思，我只能来个四字经了，各位听着：生男是甥。"

众人听了，一齐鼓掌，说这最后一句，既是对新人的美好祝福，又是这四句话的圆满总结。

一字一世界

用丝麻线制成的绳索

shéng 绳

小篆
繩 隶书
绳 楷书

古代的"绳"字是个左右结构的形声字。左边的"纟"字是形符，表示跟丝麻等制品有关，右边的"黾"字是声符，读"měng"，也有人认为应该读"mǐn"。这两个字形组合在一起，指用丝或麻两股以上的线拧在一起形成的条状物称为绳。

小篆及隶变后楷书的字形很复杂，如今简化为"绳"。

"绳"字的本义指"用丝、棉线、麻线等制成的细长条状物"。如：粗的绳子称为"绳索"；用绳做的梯子称"梯绳"；用艾草等搓成的绳燃烧发烟，用来熏蚊虫，也用来引火的绳称"火绳"；牵牲口的绳子称"缰绳"；用多股棕、麻、金属丝等拧成的粗绳称"缆绳"；拉纤用的绳子称"纤绳"；耍杂技走钢丝用的绳称"走绳"，也称"走索"；女孩扎头发用的称"头绳"；体育活动用的或儿童游戏用的绳称"跳绳"。还有麻绳、线绳、钢绳、细绳等，都指绳子。

"绳"字由本义引申指"木工用的墨线"，如：木工打直线的工具，也借指规矩或法度，称之为"绳墨"。

"绳"字由"墨线"引申指"标准、法度、制裁"，如：测定平直的器具，比喻衡量事物的准则称"准绳"，以法律为准绳，给以处治或制裁称"绳之以法"。

"绳"字也作姓氏用。

"绳"字与记事和法制

这天，无锡梁溪谜语研究会的朋友又相聚。小陶跟往常一样，先将谜友们发给他的字谜读出来，让大家评判。今日只收到一条，谜面是"见虫便有绿头蝇"。"绿头蝇"指苍蝇，"绿头"指绞丝旁，谜底是"绳"字。见到"虫"字便有"绞丝"和"蝇"字，扣"绳"字。

马汉文听了，说："这则字谜，用的是反拼离底法，它把'绳'字的右半边看成了'苍蝇'的'蝇'字。当然，在字谜中这样理解并无不可，但据我所知，古代的'绳'字右边的'黾'字读'mǐn'。古人用'黾'字作'绳'字的声符，不是指苍蝇，而是指生活在水边的一种蛙类。这蛙攻击目标的动作十分精确，闪电似的，一击即中，这跟它把握分寸有关。古人用'黾'字作'绳'字的声符并会意，跟苍蝇无关，而与能敏捷捉虫的蛙类动物'黾'有关。"

赵振南说："马兄所说，也是一家之言。古代的'绳'字，笔画复杂，但从小篆的字形可看出，右边弯弯曲曲，分成两股，意思是用两股以上的麻丝拧成。在文字产生以前，先民们用结绳来记事，大事就结大结，小事就结小结。若是有人想了解某件事，负责结绳的老人就会手捏结绳，将往事一一道来。为了多记一些事，古人将绳子分成两股，说不定这两股分别记不同的事。这种办法，在其他民族史上也有过。如古代波斯人将各种粗细和不同颜色的绳子系到一根粗而长的主绳上，离主绳近的，表示事情紧迫重要。绳颜色不同，所传达的信息也不一样。绿结代表五谷，黑结代表死亡，红结代表吉祥，白结代表银子……"

马汉文补充道："有些民族，也用结绳或解绳表示日期。如每解开一个结就算一天，等结解完，表示约定的日子到了。后来人们将'绳'用到墨斗里，作为木工的工具，将墨绳拉起、绷紧、提起一弹，木料上便留下黑色直线，木工按这直线锯木，这样就有方向，有了依据。这绳必须用墨浸透，所以称'绳墨'。弹出来的线准确不偏离方向，所以后来用它来比喻规矩或法度，'不守绳墨'等于不守规矩。绳，被授予标准、规矩、法制、法律、刑法等重要意义，否则怎么会说出'绳之以法'的话来呢？"

一字一世界

耳聪口辩的 圣 人

shèng
圣

甲骨文

金文

小篆

隶书

楷书

金文的"圣"字，字形相似，由"耳"、"口"、"人"三字组成。左边像人的字形，上有一只大耳朵，右边是"口"，表示耳朵大，听觉灵敏，"口"字表示能言善辩。这种人无所不知、无所不通，本义指"最有智慧、最有道德的人"。

小篆的"圣"字与楷体相似，这是个上下结构的形声兼会意字。以"耳"作形符，表示这个字与耳朵有关。"呈"为读音，兼表意。其本义也是指"最有智慧、最有道德的人"。

小篆中还有另一个"圣"字，上面是个"又"字，表示"手"。下面从"土"，表示用手从事农业劳动。本义指从事农田劳作，也有人说指挖土。这是个会意字，后来变成了"圣"字的简体字。

"圣"指"聪明非凡的人"，也就是：圣人、圣贤、圣手、诗圣。

因为"圣"有非凡的意思，也就有"最崇高"的意思，如：革命圣地、神圣使命。

圣人的地位崇高，受到人们的崇拜，逐渐被神化，后来成了"封建社会对帝王的尊称"，如：圣上、圣旨。

"圣"，也是"宗教信徒对所崇拜事物的尊称"，如：圣像、圣经、圣灵、圣母、圣子、圣庙、朝圣、圣诞节。

唐·柳公权《淳化阁帖》

唐·怀素《自叙帖》

老华侨戏说简体字——圣

　　繁体字简化，为人们学习汉字、使用汉字带来不少方便，受到大多数人的欢迎。但在台湾省和海外一些华人地区，人们没有用过简体字，回到内地，在阅读和书写汉字时就很不习惯。

　　东南亚有位老华侨，姓赵，名游圣，回国定居上海。在一次座谈会上，赵游圣做了次即席发言，谈了他对简体字的困惑，引起广大与会者的兴趣。

　　赵老爷子心直口快，他指指自己座位前牌子上的"赵游圣"三个字说："我一看到我的名字，心里就不舒服。你瞧，贱姓赵，这'赵'字，'走'字上一个'×'，造字的人好像想不出什么构件了，就气狠狠地打了×了事。姓赵的被打了个×，心里多不自在啊。再说这'游'字，本是走之旁，用脚'遊山玩水'，现在用三点水的游，变成'游山玩水'。这山怎么能在水中游呢？最可气的是这'圣'字。繁体字'圣'字，是'耳'、'口'、'王'三字相结合，本指最有智慧的'圣人'，这种人耳听八方，口传王道，如今却变成了又矮又土的半个身子的丑八怪，这还有什么神圣可言？老夫一生酷爱旅游，故改名'赵游圣'。现在赵上打×，游到水里，圣字又变成了丑八怪，叫我如何出游？让我再啰嗦两句吧，我把国外资产全部转回国内，一心办工厂，厂里产品多得堆成山，可厂门口那'厂'字，里面却空空如也。更气人的是'听'字，为什么是用口来听呢？诸位是用口在听的吗？诸位的耳朵哪儿去了？"

　　一席话，说得大家哈哈地笑了起来。大家认为，汉字简化是必要的、有利的。赵老先生对这几个简体字的不足，提出了善意的批评，有些说法也不无道理。但能否如他所愿，改成自己满意的字形，那可就不是一两个人的事了。其实，有好多人关心这件事。有人提出"识正书简"，就是要认识繁体字，书写简体字。这不失为一个好建议。

奋力完成任务——胜

shèng
胜

小篆的"胜"字原先写作"勝"。这个字应属于形声字兼会意字。它由"力"字与"朕"字组成。"力"字大家熟悉,表示力量、能力。在这里作形符,表示跟"能力"与"力量"有关。不过这个"力"字藏在右下方的角落里。另一个字是"朕"字,读"zhèng",作声符并会意。

"朕"字与"力"字组合,指"必须奋力去做好能够承担或承受的事"。因指的是奋力去做应做的事,所以古人用"力"字作胜字的形符。

古人为什么用"朕"字作"胜"字的声符呢?

现在提到"朕"字,人们往往会想到宫廷电视剧中帝王口口声声称自己为"朕"。最早的甲骨文金文中的"朕"字是个会意字。字形像双手持竹篙撑船形,由此引申指"发达"。后来又引申指"修船,使船上缝隙不漏水"之义。后来又借用为第一人称"我"。从秦始皇开始成了皇帝的自称专用词。

因"朕"有"修船使之密合不渗水"之意,而承担了任务后必须奋力去做,使之没有漏洞,合乎心意,所以古人用"朕"字作"胜"字的声符。

楷书的字形由小篆演变而来,写作"勝",后简化为"胜"。"胜"字的本义指"能承担或承受",如:胜任、不胜其烦。

"胜"字由本义引申指"超过",如:胜过、胜于。由上义引申指"打败、赢",如:胜利、胜仗、得胜、优胜。假借指"优美",如:胜景、胜地、胜名、胜境。又假借指"尽"。如:不可胜数、防不胜防。

朕 小篆

勝 隶书

胜 楷书

牛郎织女正相配——胜

南京奇人郑可鉴，因善拆字解字闻名，有些游客，慕名而来。

这天，郑导带团去扬州，在车上有位女士大声嚷："哎，郑老板，都说你会测字，我老大不小了，想结婚，你看我能找个什么样的人？你就给我测个结婚的'结'字吧！"

话音一落，车厢里一片笑声，有人还鼓掌叫好。郑导早已看出，坐在他旁边的那位老实巴交的男子，恐怕就是她的情侣或丈夫。

郑导道："这'结'字左边的绞丝旁是一种线或绳索，代表女性，就是指你啰。丝线非常柔软，可作捆绑用。而右边的'吉'字上面是'士兵'的'士'，但看上去像'土'。'土'代表'土石'，表示坚实，顽固。下面是'口'，'口'表示嘴，指'讲话'，也指口舌之事。丝线有环绕错综复杂的意思，话多了容易引起争吵乃至纠纷。若是我找个如同土石般顽固又有点牛脾气的人，日常生活难免有口舌之争啊。"

女士沉默了一会，又说："郑导，我男朋友姓'胜'，'胜利'的'胜'，你再测一下'胜'字吧。"

郑导笑道："'胜'字是稀姓啊。繁体字的'勝'笔画多，咱拆解不了，这简体字的'胜'好说，这不明摆着是牛郎织女，夫妻恩爱吗？"

女士问道："'胜'字怎么扯到牛郎织女上了。"

郑导说："'胜'字左边是月肉旁。日为阳，'月'为阴。'月'代表女性。一提到'月'，人们便会想到月宫嫦娥，还会想到鹊桥相会的牛郎织女。"

女士不解地问："只有织女，牛郎在哪儿？"

郑导笑道："'胜'字右边的'生'字，上面是牛，下面一横是草地，牛儿在吃草呀！"

此言一出，引起一片笑声。这时，只听女士以命令的口吻对身旁的男子："阿胜，快发糖！"随着这一声令下，两人站起来大把地向四周撒糖。顿时车厢里一片欢腾，纷纷祝福这一对旅行结婚的新人白头偕老。

有东西从手中丢失

shī
失

金文

小篆

失 隶书

失 楷书

　　金文和小篆的"失"字，是个内外结构的形声字。外面是个"失"字少最后一捺，这是"手"的变形字，表示有东西从手中丢失。里面是一捺，这是"乙"字的变形，是这个字的读音。

　　古人之所以用"乙"作声符，是因为"乙"像鸟形，在这儿，表示鸟儿从手中飞走了，也就是丢失了，故以"乙"作声符并会意。

　　"失"的本义指"没有握住"，如：失手。

　　没有握住，失手了，表示丢掉了，也就是失掉、失去、遗失、丢失、丧失。

　　没有握住，往往指没有握住实物。如若是抽象的东西，如时机、机会，也可用"失"，这就有没有把握住的意思，如：失言、失足、失去机会、失神、失声、失事、失时、失势、失望、失笑、失迎等。

　　"失"，有找不到的意思，如：失踪、失落、消失、迷失方向。

　　没有达到，也用"失"，如：失望、失意、失败、失恋。

　　违背、背弃也用"失"，如：失约、失信、失礼、失实。

　　发生意外为"失事"。错误为过失、失误、失策、失算。

东晋·王羲之《澄清堂帖》

唐·颜真卿《裴将军诗》

牛长两条尾巴——失

唐朝末年,洛阳有个叫杜元的人,养了一头颇通人性的牛,非常招人喜欢。

一天夜里,杜元做了一个梦,梦见他所喜爱的那头牛,竟长出了两条尾巴。这是什么意思呢?杜元醒后很是迷惑,于是就跑去找术士,想要解一解这奇怪的梦。术士微微一笑,说:"意思很简单,'牛'字有两条尾巴,正是一个'失'字。你恐怕会痛失这头牛了。"

虽然杜元不相信,可几天后,他那头心爱的牛还真的不见了。

一字一世界

人群众多有头领——师

shī 师

甲骨文

金文

小篆

隶书

楷书

　　"师"字的繁体字为"師",这是一个会意字。金文和小篆的"师"字是由"𠂤"和"帀"组成的。"𠂤"是小土山,"帀"(zā)是包围的意思。四下里都是小土山,表示众多,所以"师"的本义是"古代军队编制的一级,两千五百人为一师"。

　　也有人认为,"师"字既表示众多,那么众多的人中会产生首领,所以"师"就有首长、师长的意思。

　　"师"在古代还表示乐师,如"师工",即乐师;"师襄"是春秋卫国的乐官。

　　现代汉语中,"师"为隶属于军的单位,下辖若干旅或团。所以"师"又泛指军队,如:水师、挥师、师旅。

　　老师也是"师"的一个基本意义,如"三人行,必有吾师",又如:师儒、师生关系、师德、师生。"师"也表示对僧、尼、道士的尊称,如:师太、师丈、师姑堂。

　　"前事不忘,后事之师"中的"师"字,意思是指学习的榜样。

　　"师"也是个姓氏。

唐·颜真卿《建中告身帖》

宋·米芾《三希堂法帖》

一横抵千军——师

1967年秋天,国画大师张大千应邀到台北举办个人画展。当地报纸在发布消息时,误把"师"印成了"帅"。原来的标题应该是"张大师回台北观光",而报纸出版时却印成了"张大帅回台北观光"。

画展期间,张大千抽空去拜访张学良将军。两人一见面,张学良便风趣地说:"大师,你什么时候改行统率三军了?"

生性开朗的张大千哈哈大笑:"这还不是你们台湾记者的功劳,少了一笔,我便多了一个头衔。"

张学良感叹道:"'师'字比'帅'字多一横,真是一横抵'千军'呀!"

言志有韵律的诗词

shī 诗

小篆 詩
隶书 詩
楷书 诗

古代的"诗"字,是个左右结构的形声字兼会意字。左边的"言"字是形符,表示跟语言文字有关,右边的"寺"字是声符,读"sì"。这两个字形组合在一起,指"言志抒情且有韵律的文体"。

有种说法,"在心为志,发言为诗",所以"诗"字用"言"字为形符。

古人为什么用"寺"字作"诗"字的声符呢?

"寺"字,是古代官员办公的地方,称"府庭",是官员向百姓之间上传下达的地方。这儿发生和处理的事情最多,所以"诗"字用"寺"字作声符并会意。

隶变后的楷书写作"詩",后简化为"诗"。

"诗"字的本义指"一种言志、有韵律、可歌咏或朗诵的文体",如:各种体裁的诗的统称为"诗歌";诗与词的全称为"诗词";我国古代第一部诗歌总集名"诗经";以诗见长的人称"诗人";诗歌界称"诗坛";记叙重大历史事件或英雄传说的长诗称"史诗";男女间表示爱情的诗称"情诗";不合格式开玩笑的诗称"歪诗";作诗的兴致称"诗兴"。诗抄、诗风、诗集、诗律、诗篇、诗书、诗意、诗圣、诗韵、诗章、唱诗、古诗、旧诗、打油诗等词中的"诗"都是指诗歌。

"诗"字也作姓氏用。

因"诗"言寺

明朝和清朝大致相同。这两个朝代,有六个职能部门:"吏部"主管全国文职官员的挑选、考查、升降、调动等事务;"户部"主管国家户籍、田亩、货币、税收等事;"兵部"主管全国武官、武器及练兵等事;"刑部"主管国家司法、行政;"工部"主管兴修水利、重大建设工程;"礼部"主管朝廷大典及科举考试、接待外国来宾。各部的最高长官称"尚书";副部长级的称"侍郎"。

却说明朝万历年间,有位礼部尚书和兵部一位侍郎,相约到扬州大明寺游玩。尚书见殿堂雄伟,气派不凡,一时诗兴大发,当家大和尚就令小和尚取来笔墨,尚书就在墙上题了首诗。待众人走后,小和尚在旁边和了尚书一首诗。岂料,诗刚写好,尚书和侍郎他们转了一圈又回来了。尚书读了小和尚和的诗,便问小和尚:"和诗是你写的?"小和尚胆怯地说:"写得不好,得罪大人了。"

尚书笑而不答,从小和尚手中拿过笔砚,在粉墙上写句上联:

和尚和尚书诗,因诗言寺。

这上联的意思是:和尚和了尚书的诗,从诗里说到这座寺庙。短短十个字,写了和尚和诗这件事,而且构思巧妙。"和"与"尚"两字,连用两次,可词义大不相同。第一个"和尚"是名词,指僧人"和尚",第二个"和"字是动词,是"唱和"之"和"。第二个"尚"又跟"书"组成另一个名词,指官职"尚书"。后半句是拆字联,把"诗"拆成"言"和"寺",十分巧妙。

小和尚读罢,沉思良久,见站立一旁的兵部侍郎威风凛凛,佳句油然而生,提笔就写:

上将上将军位,以位立人。

这下联的意思是:上将走上将军宝座,靠这个位置,树立个人威望,统领三军。这与上联对仗工整,结构相同,似乎是一气呵成。小和尚的才华,受到尚书的称赞,就连站立一旁的主持大和尚也喜得合不拢嘴。

咬人吸血的小虫——虱

shī
虱

小篆

虱
隶书

虱
楷书

　　小篆的"虱"字是个半包围结构的形声字兼会意字。左下方是两个并列的"虫"字，写作"蚰"。这个字读"kùn"，作形符。表示跟昆虫有关。"虱"字右上方是"卂"字，这个字读"xùn"，作声符并会意。

　　"蚰"字与"卂"字组合，指"寄生在人和畜类身上咬人和畜并吸血传染疾病的昆虫"。因是指咬人吸血的昆虫，这与"虫"有关，所以古人用昆虫的"蚰"字作"虱"字的形符。

　　古人为什么用"卂"字作"虱"字的声符呢？

　　金文和小篆的"卂"字都是象形字。字形像飞动中鸟的轮廓。这个字是"飛"字的简略写法，表示鸟飞得很快，故不见翅膀，只留下一个轮廓。小篆使其整齐化。隶变后的楷书写作"卂"。这是"迅"字的本字，是最早的"迅"字。本义为"疾飞"，后来引申泛指"疾速"。后来"卂"字作了偏旁，古人就另加"走之旁"写作"迅"，专门表示"疾速"。"卂"字只作偏旁，不能单用。凡以"卂"取义的字都与迅速有关。如：讯、汛。

　　大家都知道。咬人的"虱"子繁殖极为迅速，而且虱子会弹跳，逃跑也很迅速，很难捉住，所以古人用"卂"字作"虱"字的声符并会意。楷书的字形由小篆演变而来，写作"蝨"，1955年作为异体字被废除。"虱"本是一种俗体字，现作楷书的规范写法。

　　"虱"字的本义指"寄生在人和动物身上咬人吸血传染疾病的小虫"。常用的词是：虱子、壁虱、床虱、飞虱、牛虱、水虱、头虱等。

衣破半風多——虱

"虱"字是名词。主要指虱子。虱子是一种昆虫,吸食血液,常寄生在人和猪、牛等身上,这种昆虫对人和动物有危害,会传染疾病。

虱子,现在恐不多见,旧时人们卫生条件差,往往长时间不洗澡、不换衣服,所以容易滋生虱子。

清朝乾隆年间,苏北淮安有位姓罗的秀才,家中一贫如洗。父母在世时,他靠父母种地供自己读书识字。双亲亡故后,他无以为生,常常是吃了上顿没下顿。身上穿的衣服破破烂烂,已是衣不遮体;床上的被褥也只剩下一堆破棉絮。如此困苦,他仍想靠读书争个金榜题名,能光宗耀祖。亲友及邻居也不好劝阻他,只能力所能及,送点米粮供他度日。按照当时朝廷对秀才的优待政策,县衙每月略有赞助,所以他也能过得下去,不致于流落街头。

这年又到除夕了,家家户户都忙着买年货和贴对联。这时正是罗秀才最风光的时候,他家门前人进人出,都是来请他写对联的,顺带着给他送点吃的穿的,以示关爱。

帮乡亲们写完对联,罗秀才也给自家写了一副,贴在门上:

> 人穷双月少,
> 衣破半風多。

这副对联,上下对称,十分工稳,内容倒也体现了罗秀才的性格。他显得很乐观、很坦然。上联承认自己贫穷,因穷所以朋友就少。"双月"为"朋","双月少"即朋友少。

绝妙的是下联"衣破半風多"。繁体字"风"字写作"風"。"半風"即去掉左侧一长撇,剩下的便是"虱"字。言下之意是衣服破烂虱子就多了。这下联体现了罗秀才乐观豁达的精神。短短十个字,写出了这穷书生的乐观与无奈。

旗帜飘扬的样子——施

shī 施

甲骨文
金文
小篆
隶书
楷书

对"施"字有两种不同的解释。有人认为，甲骨文的"施"字是个会意字。左边是个"也"字。"也"是个象形字，指"蛇"。右边的"攴"字读"pū"或"pō"，表示手拿器械。两形合一指手持器械捕蛇。捕蛇要遍地搜寻，所以有实施抓捕之义。隶变后楷书写作"吔"，如今用"施"来表示。

也有人认为，小篆的"施"字是个左右结构的形声字兼会意字。左边的"㫃"作形符，右边的"也"字作声符，读"yí"。这两个字形组合在一起，指"旗帜飘扬的样子"。因"㫃"像旗杆上旗子在飘扬的样子。故"施"用"㫃"作形符。

古人之所以用"也"字作声符，因为"也"字像兽类的尾巴。古代旗杆上多用兽尾作饰物，所以古人用"也"字作"施"字的声符兼表义。也有人认为，"也"字是古字"蛇"字，表示旗帜飘扬如蛇尾摆动一样，故用"也"字作"施"字的声符。

楷书由小篆演变而来，写作"施"。

"施"字的本义指"旗帜飘扬的样子"，后来假借指"实行"。如：按设计要求建筑称"施工"；实行法令、规章称"施行"；施行政务或推行政治措施称"施政"。"施"字由本义又引申指"用上、加上"，如：施肥、施加、施用、施展、设施等。由上义又引申指"给予"，如：施礼、施舍、施予、施主、乐善好施等。

粗毛野兽石"施"先生

明朝有位著名学者名叫解缙，江西吉水人。洪武年间，年仅二十便考中进士，后来在殿试中又考中解元，明成祖朱棣钦授翰林学士，曾主持编修《永乐大典》，参与军机要务，受到皇帝的重用。

解缙出身于官宦之家，从小就受到良好教育，加之他天资聪颖，又勤学好问，故有神童之称。

却说解缙八九岁时在私塾读书，其文才已远近闻名了。按理说，名师出高徒，教他的私塾施老先生也应该声名远扬，但人们却从不提到他。这施老先生小肚鸡肠，没一点长者之风，他见学生比他出名，竟心生妒忌，常出些文字难题，想考倒解缙，灭灭他的盛气、显显自己的文才，不致被人看扁。

有一天，解缙和小伙伴们捉到一只家雀很开心，但无处可放，便将私塾院子墙上一块砖头挖下来，朝里掏个小洞，放点儿草，给家雀喂点食放进去，再将砖头补上，以便明天再玩。岂料，这事儿被施老先生发觉了。他扒开墙砖，将家雀掏出来摔死在地，又捡起来放回原处，再补上砖头。随后，他取来笔墨，在墙上写了句上联，要解缙对出下联。这上联是：

细羽家雀砖后死。

解缙看罢这上联，随即提笔写出下联：

粗毛野兽石先生。

施先生看了，责问道："你这下联作何解释？文不对题啊！"

解缙一一解释："我这'粗'对'细'；'毛'对'羽'；'野'对'家'；'兽'对'雀'；'石'对'砖'；'先'对'后'；'生'对'死'。还有，'粗毛'对'细羽'；'野兽'对'家雀'；'石'对'砖'；'先生'对'后死'，哪儿不对仗啊！"

施先生无话可说。其实，有一点他恐怕没看出来。解缙用"施"与"石"谐音，暗骂施先生摔死家雀，实属粗鲁凶残，如同野兽啊。

水断去路土地积水潮湿

shī 湿

甲骨文

金文

小篆

濕
隶书

湿
楷书

甲骨文的"湿"字是个左右结构的会意字。左边是"水";右边是倒置的"斷"(断)字,表示水的去路断了,造成土地积水潮湿。

小篆的字形由甲骨文演变而来,有所变化。隶变后的楷书写作"濕"。这就成了一个左右结构的形声字兼会意字。左边的"三点水"作形符,表示跟水有关。右边的"㬎"字读"xiǎn",作声符并会意。

"三点水"与"㬎"字组合,表示"潮湿"。

潮湿由水多造成,所以古人用"三点水"作"湿"字的形符。

古人为什么用"㬎"字作"湿"字的声符呢?

甲骨文的"㬎"字是会意字,它表示在架子上晾着两把丝,左边是滴下的水。金文在上面加个"日"字,表示在日下晒丝。小篆使其整齐化,在下面加土,突出潮湿之义。后来这"㬎"字有了两个含义:一是表示潮湿,二是表示明显。因土地积水后潮湿很明显地就能看出来,所以古人用"㬎"字作"濕"字的声符并会意。

楷书的字形由小篆演变而来,写作"濕",现简化为"湿"。

"湿"字的本义指"潮湿,含有较多的水分"。如:空气中所含水份多少称"湿度";空气、土壤等潮湿而滋润称"湿润";含水份比正常状态多称"潮湿";阴暗潮湿称"阴湿"。还有湿疹、湿淋淋、湿漉漉等相关词语。

四名家为杜诗补一字——湿

　　唐朝大诗人杜甫在长安居住十年，曾担任左拾遗一职，但不被玄宗皇帝所重用。安史之乱前，他曾以长安城外曲江游宴为题材，写过讽刺把持朝政的杨国忠等大臣豪奢放荡的生活。安史之乱后，诗人又在孤独寂寞之中，怀着悲凉与愤慨写了这首《曲江对雨》：

> 城上春云覆苑墙，江亭晚色静年芳。
> 林花著雨胭脂湿，水荇牵风翠带长。
> 龙武新军深驻辇，芙蓉别殿谩焚香。
> 何时诏此金钱会，暂醉佳人锦瑟旁。

　　这首诗绘景浓墨重彩，十分艳丽。全诗意境静穆清冷，抒情婉转，感慨深沉曲折，在忆旧与狂想中隐约可见诗人的忠君忧国之心及无可奈何的感慨。诗圣去世三百多年后的北宋年间，有人将这首诗抄写在杭州灵隐寺的围墙上，因时间久了，诗中有一个字被蜗涎所蚀，这便是：

> 林花著雨胭脂（　）
> 水荇牵风翠带长。

　　这天，当时文坛四大名家苏东坡、黄山谷、秦少游、佛印和尚来灵隐寺浏览。苏东坡见诗中缺一字，说："这大概是'润'字吧？"黄庭坚摇头说："我看是'老'字。"秦观坚持说："这肯定是'嫩'字。"轮到佛印和尚，他认为这就是"落"字。

　　寺院老方丈找来《杜工部集》一查，发现这漏掉的是"湿"字。

　　诗中的曲江位于长安城外，唐时宫苑林立，玄宗皇帝与杨贵妃常到此享乐。安史之乱后，这儿一片荒凉，岸上行人稀少，水中不见游船，雨后林花著雨，水荇（一种水草）被风牵带着漂走了，一片衰落的景象。胭脂"湿"，恰好衬拖出这儿的冷落凄凉。一个"湿"字，将"润"的形表，"老"的衰情，"嫩"的色泽，"落"的态势全部融为一体，准确、鲜明、凝炼、生动地表现了"林花著雨"的诗情画意，所以诗圣用的是"湿"字。

shí
十

甲骨文

金文

小篆

隶书

十
楷书

九加一的数目为 十

甲骨文的"十"字是个指事字，它就是一竖"|"，这个字读"gǔn"，是一根竖棍形。这是一根上面有刻度的特殊的竖棍。就这根具体的木棍来说，它所表示的意思就是指这就是一根木棍，不是两根或三根。就上面的刻度来说，它指出这上面有十个刻度。就长度来说，它指出这是一丈长。古人为了区分"一根木棍"和"十个刻度"及"一丈长"这三个含义。金文中便在木棍的中间加上一点，它的用意就是特别指出这上面有十个刻度，用来表示数目"十"，这可能就是"十进位"的最原始的含义。现在十进位时人们还习惯仍用一点来表示。小篆将这一点扩大为一短横，加在一竖的中段偏上一点儿，隶变后的楷书就写成了"十"字。

"十"字的本义指"数目字"。十作数目，至于一竖的"|"字，古人另加一只手，写作"丈"，用来表示十尺为一丈。

"十"字作为数目字用，如：十进位、十倍、十字架。佛教指东、南、西、北、东南、西南、东北、西北、上、下十个方位为"十方"。

"十"字由本义假借指"完满，达到顶点"。如：形容程度达到极点称"十分"；形容完美无缺称"十全"；非常充足称"十足"；成色或程度很高称"十成"。十拿九稳、十恶不赦、十全十美等中的"十"都是圆满之义。

"十"字还用来表示"垂直相交的物象"，如：十字路口。

第"十"年十月十日

在讲这个故事之前先要讲一下"谶（chèn）"字。迷信的人将未来要应验的预言、预兆称为"谶"。如："谶语"、"谶纬"这些词。"谶"是秦朝与汉朝年间巫师、方士编造的预示吉凶的隐语。"纬"是汉代神学迷信附会儒家经义的一类书，如："谶纬之学"。从下面这则故事，可一见"谶讳"端倪。

历代统治者，为了稳固自己的统治地位，常常会用到"谶"，如"年号谶"。每个朝代都有年号。应用谶纬术，选个大吉大利的好年号。

东晋晋元帝登基时年号为"建武"。第二年改年号为"大兴"。四年后的一个夜晚，他在宫中赏月时，看到天上的月亮变成了太阳。也许是他看花了眼或出现幻觉。他认为这是天授神机，有意相助。第二天即召大臣及学士们商讨，将年号改为"永昌"，以为这样便永世昌盛了。不料，第二年他便驾崩了。事后，大诗人郭璞认为，"永昌"是晋元帝命运之谶。"天无二日，国无二主"，"昌"字拆开是"二日"，这不是预示改朝换代吗？北齐废帝用"隆昌"做年号，上台后就被人杀了，也应了"昌"字"天无二日，国无二主"之谶。

最有趣的是北齐文宣皇帝高洋。他登基后，定年号为"天保"，他正巧作了十年皇帝便驾崩了。有人认为这"天保"二字正是他命运之谶。因为"天保"二字拆开是"一大人只十"五个字，意为"一上大人在位只十年"。"上大人"指皇帝。

当时民谣有："马子入石室，三千六百日。"

文宣帝听此民谣，坐立不安。他是马年出生，马年即午年，俗称"马子"。"石室"指皇宫。"三千六百"不是十年吗？他担心自己只能当十年皇帝，心有不甘，于是特地到泰山向一道士请教："我还能称帝多少年？"道士答曰："三十年。"

文宣帝对道士所说"三十年"将信将疑。是"十年"还是"三十年"？他猛地想到，这三十年不就是十年十月十日这三个字吗？道士讲的还是十年啊。据说，文宣帝就在这忧患中苦熬了十年，在第十年的十月十日驾崩了。

山崖上的石头

甲骨文的"石"字是个象形字,其字形像山上的石头。在小篆中,"石"字是个会意字,它由表示山崖的"厂(hǎn)"和表示石头形状的"口(wéi)"两部分组成,合起来表示山上的石头。"石"字的本义就是指山石。

也有人认为,甲骨文的"石"字,左上部分像山崖,右下部分像掉落的石块。金文的字形由甲骨文演变而来。小篆的字形由金文演变而来。楷体由小篆直接变来。

"石"字是多音字,读作"shí",本义指"石头",如:岩石、矿石、石器、石板、石壁、石佛、石匠、石桥、石像、石柱、基石、磁石、化石、盘石、顽石、玉石、石沉大海。

"石"字由本义引申指"石刻",如:石碑、石雕、石鼓文。

"石"字读作"dàn"时,同"担",假借指"容量单位"。十斗为一石,如:千石、万石。

"石"字也作姓氏用。

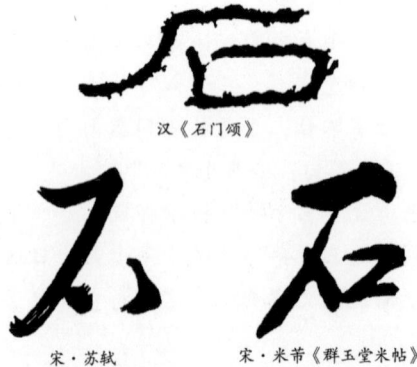

汉《石门颂》

宋·苏轼

宋·米芾《群玉堂米帖》

道姑拆"石"字

南宋初年,有位四川人名叫谢石,以算卦拆字而出名。因为名气大了,常常自命不凡,认为普天下没人及得上他。

这一年春末,谢石到江苏丹阳游玩。这日下午,他在街头闲逛,看到一位年长的道姑,手拿一把很大的扇子,一边走一边摇着扇子,很是引人注目。谢石细看,那扇子上写着"拆字如神"四个字。谢石看了,心中暗笑:在拆字这一行当中,难道还有比我强的?这老道姑口出狂言,难道真有本领?

谢石喊住道姑,将她请进一家茶馆,敬上一杯茶,自称是谢石,就请她拆个"石"字。

道姑看了他一眼,顺口说道:"客官名石,为名不成,得召而退,逢皮则破,遇卒则碎,好自为之。"说罢,告辞而去。

谢石听了,呆坐了好一会儿,怏怏不乐。道姑这番话,深深刺痛了他。因为这些话都不是吉利话。"石"字是为"名"不成啊,它有"名"字一大半的样儿,但毕竟不成"名"字。"石"字虽像"召"字,但也不是"召"。"石"字与"皮"字相合为"破","石"字与"卒"字相合为"碎"。这些都非吉言。看来,日后他将是凶多吉少啊。

谢石打听到这道姑是从句容茅山道观来的。第二天,他特地赶到茅山,但问遍山上大小道观,却没一个人认识她。这时谢石才感觉到,这道姑是个奇人。单是她拆"石"字时的一番表现,他就自叹不如。他不由感慨:山外有山,天外有天,本领比他强的人数不胜数啊。

从此,谢石对人谦虚多了。

[瓦当欣赏]

战国画像瓦当

春夏秋冬四时节

shí
时

甲骨文
金文
小篆
隶书
楷书

　　古代的"时"字写作"時"，这是个左右结构的形声字兼会意字。左边的"日"字是形符，表示跟日月有关，右边的"寺"字是声符，读"sì"。这两个字形组合在一起，指"春、夏、秋、冬"四个时节。四个时节周而复始，是一天一天过去的，是积日而成的，所以"时"字用"日"字作形符。

　　古人为什么用"寺"字做"時"字的声符呢？因为"寺"字是古代官员办公的府庭，是尽人皆知的地方，含有明显易见之意。而四时变化，也是人所共知的，所以"時"字以"寺"字作声符并会意。

　　隶变后的楷书写作"時"，现简化为"时"。

　　"时"字的本义指"季节"，如，节令、季节称"时节"，也称"时令"；四季也称"四时"；农事较多的时节称"农时"。

　　"时"字由本义引申指"时间"，如：时长、时光、时差、时候、时机、时区、时日、时速、限时、报时、课时、准时等中的"时"，都指"时间"。

　　"时"字由"时间"，引申指"较长的一段时间"，如：时代、时期、旧时、战时、风行一时等。

　　"时"字又引申指"规定的时间"，如：准时、按时。还引申指"经常的"，如：时常、时时、时不时、时有出现等。由此又引申指"现在的"，如：时事、时局、时髦、时尚、时价、时势、时务、时兴、时鲜、时宜、时段、背时、顿时等。

　　"时"字也作姓氏用。

寺边无日不逢时

清朝道光年间，无锡梅村有位秀才，名叫陆修成。不知是运气不佳，还是学问有限，他多次参加科考，都是落榜。后来年岁大了，又要养家糊口，便打消了参考的念头，到一所私塾教书去了。这所私塾办在村外竹林里，四周高筑围墙，环境十分幽静，适合孩子安心读书。陆修成以私塾为家，兼看管私塾，轻易不让人进来打扰。

梅村还有位秀才，名叫王鹏，青春年少，颇有才气。他虽未中举，但家境殷实，又有老师指点，来年赶考，还有希望。王鹏有点看不起陆秀才，但陆秀才会下象棋，闲来无事，只有陆秀才是对手，所以吃罢晚饭，总是来找陆秀才下棋。这天他来晚了，私塾大门紧闭，王鹏高呼几声，仍不见陆秀才出来开门，他便使了个激将法，想了个上联，大声叫道："陆秀才，我出个上联，对不出，请开门，对得出，我认输。"

说罢，大声念道：

门内有才何闭户？

门内的陆秀才听了，心想：门内有才是个"闲"字，这分明是笑我无才闭门拒客的，今日我要教训他一下。他想了一想，应道：

寺边无日不逢时。

陆秀才以"寺"与"日"拼成"時"字，言外之意是日已下山，你来的不是时候。他以这个下联，显示自己并非等闲之辈，要王鹏不要小看自己。

shí
识

金文
小篆
隶书
楷书

语言使人认识事物

古代的"识"字写作"識",这是个左右结构的形声字兼会意字。左边的"言"字是形符,表示跟人讲话或跟语言有关。右边的"戠"字是声符,读"zhì"。这两个字形组合在一起,表示语言和刻下的记号能使人知道其中的涵义。

认识一样事物,需要用语言讲解、叙述,所以"识"字用"言"字作形符。

古人为什么用"戠"字作"識"字的声符呢?因为古代的"戠"字有标志、刻下的记号的意思,所以用"戠"字作"識"字的声符并会意。

甲骨文的"識"字写作"戠"。金文的字形由甲骨文演变而来。小篆的字形由金文演变而来,并使其整齐化。隶变后的楷体写作"識",后简化为"识"。

简体字"识"是个左右结构的形声字,本义指"知道、了解"。如:认识字称"识字";知趣、不惹人讨厌称"识趣";会看别人的眼色行事称"识相";互相了解称"相识"。

"识"字由"认得、了解",引申指"知识、见识、识别能力"。如:辨别称"识别";能识别货物的优劣称"识货";见识也称"识见";看穿、看破称"识破"。赏识、卓识、意识、胆识、有识之士等中的"识"都指"知识、见识"。

"识"字是个多音字。读"zhì"时,表示"记、记号",如:古代钟、鼎等器物上所刻的文字或书信、书画上的落款称"款识(zhì)"。见闻和学识广博、记忆力强称"博闻强记",也称"博闻强识(zhì)"。

见识见"识"古代的"識"字

无锡梁溪谜语研究会，常在西水关茶楼举办市民讲座。讲座的内容，由谜语扩展到汉字研究。市民们由原先的休闲娱乐，上升到学知识、长见识了。

今天由会长马汉文主讲，题目是"见识见识古代的'識'字"。按惯例，由小陶先抛几个字谜当开胃果。小陶承诺，凡猜中并说出理由的，奖马会长墨宝一幅。台下顿时摩拳擦掌，跃跃欲试。小陶出题："片言只语，只进一言。"有人抢着说："两个'识'字。"小陶又抛出两个："离职前进一言，只说不兑现。"话音刚落，有人抢答："跟前两个一样，都是'识'字。不过这两个难度大点儿，马老给我的字也要大点儿。"

马汉文举起早就写好的两幅"識"字，笑着说："一样大小。"说罢，将两幅字挂在墙上，娓娓道来——

刚刚说的四个字谜，都是简体字"识"字。甲骨文的"識"字字形简单，是个象形字，像"戈"上挂着饰物。"戈"，就是兵器，一种长柄、横刃、把子上有饰物的大刀。后代大刀把子上常用环、铃、红布条当饰物，以此作为一种标志。后来金文上的饰物部分更像标记了，小篆将这些饰物变为"音"字，隶变后的楷书写作"戠"，读"zhī"，本义指兵器上的饰物。这个装饰物引申指"标志、记号"。后来"戠"字作偏旁用，"标志"这个意思就另造了个"識"字承担，这个字读"shí"。因为是标记、记号，大家都认识，所以就引申指"知道，认识"。知道得多，就是有知识。知识丰富了，识别能力强了，就有识别力，就识货了，就有独到的见识、高深的意识和胆识了。

"戠"字的作用可大了，旁边加"言"字为"知識"；加"巾"字就是"旗幟"，简写为"帜"；加上耳朵旁为"職"字。有耳朵善听，表示听而记之，这个意思被"識"字取代，古人又造了个"樴"字，表示系牛羊的木桩。由木桩引申指"职位、职掌"。这个"職"字就代替了"樴"字，专门表示职务、职业、职称。那可怜的当木桩用的"樴"字就被废掉了，如今只有在字典里才能查到它。

一字一世界

家中充满钱粮——实

shí
实

金文

小篆

實
隶书

实
楷书

　　金文的"實"字是个半包围结构的会意字。外面是宝盖头，表示房子，指家中。当中是个"田"字，表示有粮食。下面是个"贝"字，表示钱财。三个字形组合在一起，表示屋子里充满粮食和钱财。

　　小篆的字形略有变动，上面仍是宝盖头，下面是个"贯"字。"贯"指"一串串的钱"。有出古戏叫"十五贯"，就是指十五贯钱。贯，指用绳索穿制钱，钱一千为一贯。万贯家财就是大富豪了。这儿强调家里充满了钱。隶变后，楷体写作"實"，后简化为"实"。据说这个简化字，是繁体字草体的楷化形式。这个"实"字，只是个符号，已失去原有的内涵了。

　　"实"字的本义指"充满、充实、结实"，如：心地诚实叫"实心眼儿"；确实足数称"实足"；丰富、充足称"充实"；结实、坚固、扎实称"瓷实"；粗大结实称"粗实"；粗短而结实称"敦实"。笃实、坚实、殷实、硬实、老实、朴实、壮实、肥实等中的"实"，都是这个意思。

　　"实"字由本义引申指"真实、实际"。如：真实的话叫"实话"；真实的证据叫"实据"；实际情况叫"实况"；实际的力量叫"实力"。实例、实权、实情、实干、实价、实战等中的"实"都是这个意思。

　　"实"字由本义引申指"种子、果子"，如：果实、结实、吐实、春华秋实。

　　"实"字也作姓氏用。

家有老母"实"为宝

南京夫子庙的测字名家胡铁嘴,在当地可谓德高望重。文德桥、大石坝街乃至乌衣巷一带,谁家闹纠纷,有什么事儿摆不平,都找胡大爷调解。但胡大爷有个规矩,以字说事,绝不空口说白话。

这天,城南马道街的马三儿来找胡大爷。他们弟兄仨讲好,轮流供养老母亲,每家三个月。他这轮已经到期,老大外出至今还没回来,老二又不肯接班,他心里急了,来找胡大爷测个字,看老大什么时候回来。

胡铁嘴听罢马三儿来意,指指布袋,要他拣个字。马三儿伸手一摸,拣出个"實"字。

胡铁嘴按惯例,写了个大大的"實"字,连连摇头说:"大姐苦命呀!苦命呀!你妈比我大两岁,我称她大姐。我是看着她把你们弟兄仨拉扯大的呀。你看,这'實'字上面宝盖头,指的是你们家,下面的'貫'字为金钱万贯。那时你父亲开店,家里有钱啊。你弟兄仨娇生惯养,你母亲把你们三个当成惯宝宝。自你父亲去世后,家道中落,但你母亲还是硬撑着,把你们三个抚养成人,帮你们成家立业,你们也都有儿有女了。可你母亲老了,不能动了,你们就把她当作废物,甩出门外,东掼西掼,连多养几天都来求签问卦,你好意思吗?"

一席话,说得马三儿脸红了。胡铁嘴见他低头不语,将手上的"實"字伸到他眼皮底下说:"我不是要骂你,我为你好。人在做,天在看,你这样对待你妈,你的儿女将来也这样对待你。你要给你儿女做个样子,把父母当个宝啊。"

马三儿睁大眼睛,听不明白他这话的意思。胡铁嘴指着"實"字说:"我测字几十年,还头一次把'實'字拆得这么细,这么准。这'實'字上为宝盖头,指你一家老小。当中可看作'母',下为宝贝之贝。三字合一指的是家有老母实为宝啊。家有老母,说明你仍为人子,你还年轻,有什么比年轻更宝贵呢?你对老母尽孝,给儿女做榜样,你后福不浅啊,这才是实实在在的好事。你今日拣到个'實'字,这是个吉祥字。回去告诉你家老大老二,母亲应该抢着养,推三推四没有好下场!"

一字一世界

张口吃饭——食

shí
食

甲骨文、金文和小篆的"食"字字形大致相似,都是会意字。甲骨文的"食"字上面是个倒写的"口"字,下面是个食器,里面盛满了饭,其中有两点,象征香气,字形表示"张口吃饭"。

金文稍有变化,小篆使其整齐化。隶变后的楷书写作"食"。如今作左边的偏旁用时写作"饣",凡从"食"取义的字,都与食物跟吃有关。

甲骨文

也有人认为,"食"字是个象形字,字形象个装满食品的食器,上面是食器的盖儿,两边的小点儿表示食物装得满满的,已经溢出来了。这一字形指的是"吃东西"。

以上两种对"食"字字形的解读略有不同,但结论是一样的:张口吃饭。

金文

金文的字形由甲骨文演变而来。小篆的字形由金文演变而来。楷书的字形由小篆演变而来,写作"食"。

"食"字的本义指"吃东西"。如:吃饭称"进食";拒绝吃食物称"绝食";讨饭、要饭称"乞食";起居饮食称"寝食";吃东西不细嚼称"吞食"。还有食管、食客、食量、食堂、停食、误食等词。

食
小 篆

食
隶 书

食
楷 书

"食"字由本义引申指"吃的东西",如:粮食、食品、食物、零食、面食、副食、茶食、肉食、甜食、素食、主食、猪食、丰衣足食等词。"食"字假借指"日月亏缺或完全看不见的现象",如:食相、环食、全食、日食、月食。"食"字是个多音字,读作"sì"时,由本义引申指"拿东西给人吃"。如:饮之食之。

良人倒了还是到了——食

民国年间，江苏盐城南门外有位姓王的塾师，娶妻吴氏，两人虽结婚多年，仍如新婚一般，琴瑟（sè）相调，相敬如宾。王先生教学生识字，吴氏在一旁听听，如今也识得一些字了。

吴氏做事大大咧咧。一天，王先生外出，吴氏在家忙碌。天快冷了，她抱稻草垫铺，上面放条席子，这样冬天暖和。待她铺完稻草，发觉挂在腰间的房门钥匙不见了，遍寻不着，急得满头大汗。正巧有个测字先生敲着响铃从门前路过，吴氏便把他请进屋，让他测个字算一下，钥匙丢哪儿了？测字先生进屋，夸道："这屋子真宽敞呀。"

吴氏连忙接口道："你就给我测个'宽'字吧，看钥匙在哪儿。"

测字先生见桌上放着文房四宝，提笔写了个"宽"字道："'宽'字上头形如这间房子屋顶，当中是个草字头，下面是个'见'字，这是告诉你，你的钥匙丢在屋子内。在哪儿？草底下见。"

吴氏听罢，在床上垫的稻草堆里找到了钥匙。他认为这算命先生有本事，多给了他几文钱。其实，外行也看得出，她家刚铺过稻草，钥匙不外乎掉在稻草堆里啊。"

王先生外出会友，天快黑了还不见回来。吴氏急得像没头的苍蝇，在屋里团团转。正巧，那算命先生又从门路过，吴氏忙将他请进屋来，问丈夫何时归来。

测字先生让她从布袋里摸个字。吴氏伸手一摸，是个"食"字。测字先生看罢，连连摇头，道："不好哇，这'食'字拆开是'人'字头，'良'字身，倒过来看是'良人'二字。何为'良人'？谅你也知道，女子称丈夫为'良人'，现在倒过来了，就是说你丈夫有可跌倒在地或倒地而亡……"

吴氏一听，吓得哇哇大哭，几乎晕厥，顿时家里乱作一团，乡邻们闻迅，纷纷前来探望。正在这时，吴氏的丈夫回来了。吴氏又惊又喜，说出了测字的经过。王先生生气地说："'良人'倒了，何不说成良人到家了呢？'倒'与'到'谐音啊，我不是好端端地到了吗？"说罢扭头找那测字先生。测字先生见吴氏丈夫回来，吓得早就溜走啦。

一字一世界

忠实记载历史

shǐ
史

甲骨文

金文

小篆

隶书

楷书

甲骨文和小篆的"史"字，字形基本相似，由"又"字和"中"字组成。这是个会意字。

"又"，在古文字中表示"手"。"中"，在甲骨文和小篆中是个指事字，方框中一竖，表示当中、正中间。用在"史"字中，表示在中间不偏不倚。

这"在中间且又不偏倚"指的是什么呢？

在古代，有两个重要的官职，这就是左史和右史。他们负责记录君王的行动和言论，这就是史官。好的史官记事记言，不隐瞒，不夸张，不偏离事实，这就是"中"。"史"，就是手中掌握不偏不倚的记录历史的笔。

"史"的本义是指"掌握记载历史的人"，如：史官、太史、内史。司马迁就是汉代著名的史官。

"史"字后来转义为"历史"，这就是自然或社会以往发展的进程，对过去的事实的记载，如：史实、史册、史迹、史料、史无前例、近代史、古代史。

"史"，也是个姓。

晋·索靖《出师颂》

隋·智永《真草千字文》

明·文征明《西范诗》

一出世便为官——史

"史"字有一则文字故事。

清朝乾隆年间,大学者纪晓岚官任侍郎时,一天与一位御史结伴到同僚家做客。

入席后,御史故意说:"我这个御史的'史'字最有意思,上面加个'一',便是官吏的'吏'字,所以这叫'一出世便为官'呀!"说到这儿,他瞟了一眼纪晓岚说,"侍郎大人,不知你这个郎字能作何解,是不是狼狗的狼呀?"

纪晓岚哈哈一笑:"大人说得不错,我这只狼可是遇肉吃肉、遇屎(御史)吃屎,你这'一出世便为官'的'史',更是合我的胃口呀!"

纪晓岚痛快淋漓地将这个狂妄的御史骂了个狗血喷头。

有箭头箭杆箭尾的 矢

shǐ
矢

甲骨文
金文
小篆
矢 隶书
矢 楷书

甲骨文、金文、小篆的"矢"字都是象形字，字形像一支箭的样子，而且是竖放着的。上端尖尖的是箭头，中间是箭杆，下端有羽毛状的箭尾。金文的字形由甲骨文演变而来，小篆的字体由金文演变而来，隶变后的楷体写作"矢"。

"矢"字的本义指箭。弓、弩（nǔ）是冷兵器时代的枪。"矢"，是弓、弩的子弹。正因为此，"子弹"的"弹"字以弓为形符，"单"为声符。这种冷兵器，即使在有了激光武器和核武器的今日，人们还在使用，只不过力道更足罢了。

有专家认为，"矢"字读音通"时"，因箭离弦即逝。这便是"光阴似箭"。箭一旦射出便飞快消失，所"矢"与"时"同音。

"矢"字读"shǐ"还有一说。远古时代，人们可用的只有石器，以石垒屋，以石作武器，以石作工具，以石捕野兽……后来发明了弓箭，以箭来取食，所以箭也叫"矢"，与"石"同音。

还有人考证，古人把"矢"叫作"箭"，因"箭"字由"竹"和"前"构成，箭杆是用竹做的，箭头便是竹尖，读"jiàn"。射箭后，箭往前飞，暗示箭的头是尖的，是一种飞过来的矛，能击穿目标。

"矢"字的本义指"箭"，如：乱飞的石头或无端飞来的箭称为"流矢"；古时作战时用的箭和石头称"矢石"。

"矢"字由本义假借指"发誓"。发誓立志为"矢志"；一口咬定为"矢口"，如：矢口否认、矢口抵赖。

"矢"字又假借指"人的粪便"，同"屎"，如：遗矢。

"矢"头出便是"失"

南京夫子庙的测字先生胡铁嘴,因识草药,懂中医,所以求他测字的人,也有顺带着求医问药的。胡铁嘴知道,"庸医杀人不用刀"。他知道自己不是专业医生,所以他从不随便给人开药治病,只有非常亲近、他确实熟悉,且亲自见过的病人,他才指点一二,说些实话。

这天,家住水西门的远房表弟来找他,哭哭啼啼地说:"哥呀,你弟妹怕是不行啦,已经三天滴水不进了,你看咋办呀?"

胡铁嘴说:"咋办?先测个字看看。"说罢将布袋丢过去。表弟伸手拈出个"矢"字。他有些眼花,递给胡铁嘴说:"哥,是个'失'字。"

胡铁嘴看了看说:"是'矢'字,出了头才是'失'字。"

表弟埋怨道:"怎么一开口就说'失'字?不吉利啊。"

胡铁嘴连连摇头说:"大兄弟,你和弟妹都七老八十了,人生七十古来稀,到时候啦,该走啦,过一天是一天吧,就像你拈的这个'矢'字,本是箭,射出去就不回头,这就叫'矢头出,便是失'。你看这'矢'字的头,上面是个'人'字。这人倒下啦,爬不起来啦。下面是个'大'字,拆解成'一人',这一人就是你啊。这就叫一人倒下,一人留下。你就让她走吧,别再花冤枉钱啦,留下几文你一人保命吧。"

表弟苦巴巴地问:"一点办法也没有了?"

胡铁嘴指指"矢"字当头那一撇说:"没办法了,这是天意。你看'矢'字开头这一撇,正巧在'天'字头上,当头一巴掌,把你们二人打散了。"

表弟疑惑地问:"哪来的二人?"

胡铁嘴指指"矢"字中的"天"字说:"'天'字拆开就是二人呀。按理说,'矢'字头上那一撇,本是天针,可用来治病,但弟妹卧病多年,天针之形成了卧倒之人。况且,按测字人说法,'矢'字头上那一撇,也可看作是天神之箭,老天爷要把她收回去啦。你和弟妹相伴一生,如今她先走一步,留下你一人就多活几年吧。"

表弟听了,老泪纵横,泣不成声,胡铁嘴也陪着他落泪。

手中拿笔写命令——使

shǐ 使

甲骨文

金文

小篆

隶书

楷书

甲骨文的"使"字同"史",像一个人的手中拿着笔在写命令。凡是命令,总得有人去执行,这就是派遣,如:支使、差使、使唤。所以说这是个会意字。

小篆的"使"字是个左右结构的形声字。左边是人,表示这与人有关。右边是"吏",表示读音。

如若我们研究一下"吏"字,就更明白"使"字的含义了。

"吏"与"史"字仅一笔之差。"史"是个会意字,手捧文书记事记言的意思。上面加一横成了"吏",是古代官吏的通称。这个"吏"字是个会意字,甲骨文的"吏"字,上部像一支笔、一块板的样子,下部是一只手,表示手拿笔在板上记事的意思。古时,只有官员才做这样的事,所以"吏"的本义指"官员"。

分析了"吏"字,"使"的本义更明显了。其本义就是指"接受君命办事的官吏",后引申指"派遣"。"使"既然是派遣,就有"让、叫和令"的意味,如:虚心使人进步。还有"促使、迫使"的意思。

"使"也有"摆弄"的意思,如:使枪弄棒、使笔杆子。

"使"就是"用",如:使用、这支笔好使。

"使"也指"出外办事的人",如:使者、大使、使节、公使。

"使"还作连词用,如:假使、设使、倘使。

人做吏便"使"唤人

清朝时,保定有个读书人,名叫程林。他经十年寒窗,终于考取了功名,被朝廷委任为山东诸城县令。可自从头上有了官衔,他就像变了一个人似的。过去温文尔雅的好脾气再也没有了,整天指手画脚、趾高气扬,还专爱使唤人。

一天,他准备宴请吏部尚书,就命手下文书写一张帖子送去。

过了一会,文书拿来帖子让他过目,他只看了一眼,就叫了起来:"'吏部'的'吏'字旁边怎么会有个'人'字呢?这不成了'使'字了吗?"

这个文书一听,只好如实相告,结结巴巴地说:"大人,这帖……帖子不是我写的,是老太……太写的。"

正在这时,程林的老母亲从屏风后缓缓走出,对儿子说:"不错,帖子是我写的,我是故意把'人'字加在'吏'字边上的。因为我要让你知道,'人'一旦做了'吏',就爱使唤人了,就作威作福,忘了过去了。你也不例外。"

程林一愣,等缓过神来已是泪流满面。他跪在地上,对母亲说:"母亲大人,孩儿知错了,谢谢您提醒了我。"

shì
士

士 甲骨文

士 金文

士 小篆

士 隶书

士 楷书

一和十组成士

对"士"字的本义有多种解释。

有人认为，甲骨文的"士"，上端有那么短短的一竖，像雄性的生殖器，所以在甲骨文中，把这样的"士"字，加在"牛"字的右边，便是雄牛；加在"羊"字的右边，便是雄羊；加在"鹿"的上面，便是雄鹿。可见"士"的本义是指"雄性生殖器"，后来引申为"男子的通称"。

《说文解字》的作者许慎有不同的解释："士，事也。数始于一，终于十。从一，从十。"他认为，"士"是个会意字，它是由"一"和"十"组成的。"一"为万物之始，"十"为万物之终，因而他认为，"士"是指那些古往今来，无所不知、无所不晓的人。这样的人才会做事，所以他把"士"指为"有才干的人"。

还有人认为，甲骨文的"士"字，是个象形字，字形像正面站立的人，其本义是指"未婚的青年男子"。

其实，以上几种说法大同小异，都认为"士"跟年轻力壮、品质优秀有关。所以"士"常用来指军人，如：士兵、士气、上士。指某些技术人员，如：医士、护士。也作为对人的美称，如：女士、烈士、勇士。

"士"也是一个姓。

东晋·王羲之《澄清堂帖》

唐·欧阳询《草书千字文》

进"士"进土

汉字的笔画有严格规定,就连长短也有一定的分寸。如若长一点儿或短一点儿,那就是另外一个字了,有时意思完全相反。

明朝永乐年间,河北保定有个大财主,名叫李世兴。他花钱给自己和儿子各买了进士的头衔,然后父子二人,分别被委派到外地当了个小县官。

李世兴父子在外当了几年官,捞足了钱财,又回到保定,在城中繁华地段买了块地皮,大兴土木,为自家盖了座带后花园的大宅子。

房子盖好后,正逢春节前的大年三十。为光宗耀祖,显示自己的权势,李世兴特地在大门两旁,挂了一副木刻的对联:

父进士子进士父子皆进士;
婆夫人媳夫人婆媳均夫人。

年初一早晨,进士家的大门外围了不少人,大家议论纷纷、说说笑笑,好不热闹。

进士老爷和儿子闻讯赶忙到门外察看,头一抬,两人气得差点背过气去。只见有人用白漆改了几笔,成了另一副对联:

父进土子进土父子皆进土;
婆失夫媳失夫婆媳均失夫。

祭品在石桌上展示

shì 示

甲骨 示
金文 示
小篆 示
隶书 示
楷书 示

甲骨文的"示"字，上面两横一短一长，下面一竖，这是个象形字。像什么？据考证，这是古代人们在祭祀天地时用的石头桌子，又称"灵石"。这石桌很平，上面放着祭品。下面的一竖表示支撑石桌的脚。

金文的"示"字与甲骨文略有不同。下面的一竖变成了像"小"字一样的支架，这似乎使石桌摆放得更平稳些。

古人很相信鬼神，每逢节日或重大事件，都要跪拜祖先和鬼神，供桌上摆放着各种祭品。由此可知，"示"的本义是指"供放祭品的石桌"，也就是"灵石"。

正因为"示"所表示的是祭祀活动，所以后来凡以"示"为偏旁的字，大都与祭神和祭祀祖先有关。这个"礻"字，就称"示字旁"，如：福、祝、社、祈、禅、祺、神、祖、祥、祯、祷……

由于石桌上摆满了祭品，这些祭品都是显示在光天化日之下，供鬼神祖先享用的，因此"示"有展示出来，让大家看的意思。

我们知道，人们在祭祀祖先时，嘴里常常念念有词，说些祷告祈求的话，目的是求得神灵的保佑。正因如此，"示"又有"以事相告"的意思，所以又引申为显示、表示的意思，如：示威、示众、示弱、示范、指示等。

唐·柳公权《淳化阁帖》

两个小人在作梗——示

民国年间,河北唐山缺一个县长,虽然上级说要从别处调一个人来当,但迟迟不见有人上任。当时,副县长刘文虎一心要夺这个宝座,便写了一个"示"字,找测字先生求测,看看有无可能。

测字先生只看了一眼,就摇头说:"事情遇到阻力,这个新县长不会来了。因为'示'字拆开为'二'、'小',这说明有两个小人正在从中作梗。"

刘文虎听测字先生这么一说,心里顿时狂喜。于是他马上开始上下活动,最后果然如愿以偿,趁乱当上了县长。

其实,此人能当上县长,跟测字无关。最根本的原因,恐怕还是最后一句话,他是"趁乱当上了县长"。

三十年为一世

shì
世

关于"世"字的构字原理，有两种不同的说法。

一种认为它是象形字。因为在金文中，它像三片树叶连在一起的形状，于是就取了"叶"的繁体写法的上部分表示"世"。人的生死就像树叶的发芽与飘落一样，所以人们就用"世"来表示人世。

小篆的字形是三个"十"字，是个会意字。所以《说文解字》对"世"的解释为"三十年为一世"。"世"是由三十变化而来的，而三十又可以写作"卅"，经过几代的演变，就写成了"世"的字样。

在现代汉语里，"世"可以指"人的一辈子"，如：一生一世、今生今世。

我们把有血统关系的人一代一代相传而形成的辈分也称作"世"，如：查理一世、四世同堂。还有世交、世仇、世医、世谊。

"世"也可以指"有世交的关系"，如：世兄、世叔。

"世"，也指"时代"，如：近世、当世、上世、世纪。"世"，也指社会、人间，如：问世、世道、世人、世上、公诸于世。还有用得最多的"世界"。

"世"字也作为姓氏使用。

金文
世
小篆
世
隶书
世
楷书

唐·虞世南《积时帖》

宋·米芾《三希堂法帖》

三改文献"世"家

话说明朝成化年间,吴江有位姓宋的举人,被皇帝召到京城当了官。宋举人在宅第大门上挂了"文献世家"的匾额,以示威风。

这宋举人干了好多坏事,引起民众不满。夜里,有人用白纸将"文"和"家"两个字糊住了,只剩下"献世"二字。这与"现世"同音,是句骂人的话,犹如"现世宝"。

宋举人大怒,叫家人将纸撕了。但第二天晚上,又有人将"文"字上的一点和"家"字糊住了,剩下了"又献世"三个字。宋举人又是一阵大骂。但仅仅过了两天,匾上"文"字上的一点、"家"字上的宝盖头都被纸糊住了,成了"又献世豕"。这可把宋举人气昏啦。

前往做买卖场所——市

shì
市

甲骨文的"市"字是个形声字兼会意字。上面的字形是"之"字，表示往那个方向走去。下面是个未封口的方框，写作"冂"，这个字读"jiāng"，指画出的一个范围，犹如现在临时划定的一个集市交易的场所。

"之"字兼作声符，"冂"字作形符，这两个字形组合在一起，指"前往买卖交易市场"。金文的字形略有变化，在甲骨文的基础上，另加"兮"声。这个字读"xī"，本义指乐器声上扬，后引申指语气助词，相当于现今的"啊"。在这儿表示一片嘈杂声。这与市场的热闹与嘈杂相吻合。

小篆的字形由金文演变而来，并使其整齐化。楷书的字形由小篆演变而来，写作"市"。"市"字的本义指"前往集市去作买卖"。

"市"字由本义引申指"做买卖的固定场所"，如：买卖商品的场所称"市场"，也用来比喻"言论、风气等所影响的范围"。贪图一己之利的人称"市侩'kuài'"；集中出售蔬菜和肉类等副食品场所称"菜市"。还有市价、黑市、门市、开市、夜市、灯市、门庭若市、招摇过市等词语。

"市"字由本义引申指"城市"。如：街市也称"市井"；较大的集镇称"市镇"；城市管理工作称"市政"；城市居民称"市民"。还有市区、市容、大都市等词。"市"字由上义还引申指"行政区域单位"。如：直辖市、市长、市委、南京市。

市字还假借指"我国度量衡一种旧制"，如：市尺、市寸、市斤、市两、市亩等。

金文 芇
小篆 芇
隶书 市
楷书 市

"弃市"与斩首示众

"市"字是名词，指集中买卖货物的固定场所，如：市场、市中心。多用于指城市。有个词语叫"弃市"，现在已不多用了。这是古代的一种刑罚，指在人口集中的闹市口，将罪犯砍头示众，弃尸于十字街头，以示为大众所弃。这种刑罚在商朝和周朝就有了。后来在历朝历代都施行过这种刑罚，直到清朝末年还在施行，鲁迅写的小说《药》中便有这个场景。

清朝末年，以英国为首的帝国主义国家，向中国贩卖鸦片，毒害中国百姓。广州有家商行，老板姓区（ōu），这区老板勾结英商，参与贩运鸦片，并杀害多名向政府告密的员工。区老板被捉拿归案，对所犯罪行供认不讳。区老板被锁拿进京，经三堂会审后，就等待皇上朱批，作最后定夺。

这天，刑部终于收到了朝廷下发的皇上朱批，打开一看，却只有四个字：皮帽缠头。

"皮帽缠头"是何意思？是将罪犯斩首示众，还是无罪释放？刑部官员，一头雾水，又不敢去问皇上。正在这进，刑部有位善猜谜的文书进来办事，见此朱批，便道："这是皇上出的一个字谜啊，圣上出了个谜面让你们猜哩。"

刑部长官催道："你猜猜看，快说出来，我等急着要了结此案呢。"

文书道："按摘顶来破这个谜也不难。圣上所说'皮帽'是个'弁（biàn）'字，指男子戴的帽子，也就是军中下级军官'马弁'、'武弁'的'弁'。'缠头'二字指的是'巾'字，人常以长巾缠头嘛；这些都是戴在头上的物件啊。"

众人埋怨道："快说呀，到底啥意思？"

文书提笔写了"弁巾"二字说："按摘顶格来破解，就是在'弁巾'二字上分别加一点一横这个顶'弁巾'就成了'弃市'。皇上批了'弃市'二字，就是要将这厮押往菜市口砍头示众，弃之于市啊。"

众人听罢，押出区某，立斩于菜市口。

权力和地位——势

shì
势

小篆
势 隶书
势 楷书

古代的"势"字写作"勢",这是个上下结构的形声字兼会意字。下面的"力"字是形符,表示跟权力、威力有关。上面的"埶"字是声符,读"yì"。这两个字形组合在一起,指"权力和地位"。

权力和地位的象征是力量和实力,所以"势"字以"力"字作形符。

古人为什么用"埶"字作"势"字的声符呢?因为古代的"埶"字有"种"的意思。"种"有发芽壮大的意思,而"势"字表示权力地位是逐渐发展的。所以"势"字以"埶"字作声符并会意。隶变后的楷书写作"勢",后简化为"势"。

"势"字的本义指"权力、地位"。如:权力、实力称"势力";得到权力和权势称"得势";权柄和权力称"权势"。势力、地势、攻势、时势、态势、守势、威势、形势、优势、阵势、颓势、势不两立、势均力敌等中的"势"都是指"权力、地位"。

"势"字假借指"一切事物力量表现出来的趋向"。如:必然、一定称"势必";情势、形势称"势头";事物发展的动向称"趋势"。大势、就势、来势、顺势、势不可当、势如破竹、势所必然等中的"势"都指"趋向"。"势"字还假借指"姿态",如:架势、手势、姿势、装腔作势。

"势"字也指"雄性生殖器",割去雄性生殖器称"去势"。

努力执行才有优势

这天，无锡梁溪谜语研究会的朋友们在会长马汉文家小聚。一向爱说爱闹的小陶却显出郁郁不乐的样子。老马以为他小夫妻俩又闹矛盾了，便关心地问了问。小陶长叹一声说："唉，当个小主任，势单力薄，形势不妙啊。"

原来，小陶被单位提拔为办公室主任，上任没两天，便矛盾重重，得罪人还挨批评。

老马说："举个例子说说看。"

小陶委屈地说："就拿单位公车说吧，明文规定，公车不可私用。驾驶员小刘他妈生病住院，他用车来回接送，我同意了。可小马家丈母娘过生日，他也用公车接送，我批评了几句，他就跟我翻脸了，说我拉帮结派，小人得势。他联合其他人，要把我轰下台……"

老马说："这就是你的不是了。家有家规，国有国法，单位明文规定公车不可私用，你有法不依，厚此薄彼，不讲原则，难怪群众有意见啊。"

赵纪方说："小陶，你制谜面猜字谜很在行。我问你，'抓紧'是个什么字？"

小陶想了想说："抓紧就是执行有力度，这不是个'势'字么？"

赵纪方拍拍小肩膀说："对啰，你按规则办事努力执行，这样对得起天地，对得起自己。也只有这样，你才能有凝聚力，才能形成气势，才有威势，才能得势，才能开辟出大好形势。"

马汉文说："'势'字读音跟'实'字相同。'实'，就是讲实力，讲势力不能不讲实力。势力势力，归根到底就是要有实力。没有实力，你有什么势力？没实力而谈势力，那是虚张声势，不堪一击，所以'势'字与'实'字同音通意。势力是以实力作基础，以实力为前提，因此做事一定要扎扎实实，一定要干实事，说实话。你要掌握真才实学，这样才能当好这个主任。"

小陶听了前辈们这番教导，连连点头，一一记在心上。

做 事 情

shì 事

甲骨文 ·
金文 ·
小篆 ·
隶书 事
楷书 事

　　古代的"事"字，是个会意字。甲骨文的字形是手持一根猎叉，从事打猎的形状。古代人狩猎是大事情，所以以此表示"做事"的意思。金文与此相似，小篆使其整齐化，隶变后的楷书写作"事"。

　　也有人认为"事"字是会意字兼形声字。甲骨文的"事"字，上面的形状不是指猎叉，而是像面旗帜，中间像简册，下面是只手，指有人手拿简册——也就是现在所指的记录本之类，正站在旗杆下作记录。记什么？当然是记录当时所做的事情。金文和小篆的字形有所变化，写成了以"史"为形符，"之（zhī）"为声符的形声字兼会意字，意思仍然是指"做事"。为什么这么说呢？因为"史"是记录事情的官员，这里就有"做事"的意思。所以"事"字以"史"作形符表意。又因为"之"字有"往"的意思，也有"到"的意思，而记事必须遵循事情前后发展的过程并如实记录，所以"事"字以"之"字作声符并会意。

　　"事"字的本义指"从事打猎"，后引申泛指"事情"，如：事件、事后、事例、事前、事理、事实、事态、事务、事物、事主、办事、成事、丑事、公事、好事、坏事、婚事、急事、家事、国事、事出有因、事无巨细、事与愿违……等等。

　　"事"字由本义又引申指"做"和"从事"这两层意思，如：共事、无所事事。由此又引申指各种"职业"，如：事业、谋事、事业心、找事做……

　　"事"字还假借指"变故"，如：事变、事故、事端、出事、失事、肇事、闹事、惹事……

"事"字下面没钩脚

在中国古代的算命术中，"测字"或"拆字"是最为重要的一种方式。测字先生常准备一个口袋，袋里装有不少预先写好字的卡片，求测者可从袋中随便摸一张卡片求测，也可以自己随便写一个字请测字先生来占断。

却说南宋末年，临安有个叫王文杰的书生，因家境贫困，无以谋生，心想自己识得几个字，便学算命先生，在街头摆了个测字摊，挣点银两，养家糊口。

这天来了个长相富态、性情温和的人，在他的小方桌前坐下，也不言语，提笔写了个"事"字，又写了个"尤"字，还写了个"喜"字，然后努努嘴说："请测三字，一并付钱。"

王文杰拿起纸，看看三个字，又端详了这人的面容，便缓缓断道："看来你近日不顺，有件案子缠身，使你心烦意乱。但你不必过虑，数月后，事情过去，你将有进财之喜。"

那人问道："何以见得？"

王文杰沉思片刻，解释道："我见你一坐下便写了个'事'字，可见你遇到了什么麻烦。你写得匆忙，这'事'字最后一笔你一拖到底，下面那一钩没写。可见你心中急于解脱此事。'事'字下没有钩脚，可见此事没有钩钩绊绊，也足见你为人豪爽，宽容大度，办事利索，故知你这事很快会解决。而此事无非是财产分割、债务往来之类。你随后又写了个'尤'字。'尤'加竖心旁为'忧'，今'尤'而无心，因而断你无忧，故知你会很快摆脱麻烦。你最后写了一'喜'字，足见你对处理眼下难题，信心十足，抱有必胜之意，故我知你将有好运。不过，你这'喜'字下面写得不封口，有点漏气，足见你求胜心切，气势太盛。心急吃不得热粥，所以你要耐心等待数月，方到大喜之日。"

几句话，说得这求测字的人心悦诚服，丢下一把碎银子，高高兴兴地走了。

人佩巾打扮自己——饰

shì 饰

金文 䬸
小篆 飾
隶书 飾
楷书 饰

小篆的"饰"字是个左右结构的形声字兼会意字。由"人"字和"巾"字及"食"字组成。"饰"字右边的"人"字和"巾"字作形符，表示跟"人"和"巾"之类的织物有关。"饰"字左边的"食"字读"shí"，作声符并会意。

"人"和"巾"及"食"组合，指人佩戴巾打扮自己。因打扮自己跟人和美丽的丝织品有关，所以古人用"人"字和"巾"字作"饰"字的形符。

古人为什么用"食"字作"饰"字的声符呢？

古人认为，打扮自己除了跟衣物有关，还跟人自身的形体有关，跟自己的饮食有关。再说，食物属美味，受人欢迎。人打扮得美也使人赏心悦目，这跟美味的食品一样，受人喜爱，所以古人用"食"字作"饰"字的声符并会意。

楷书的字形由小篆演变而来，写作"飾"，现简化为"饰"。

"饰"字的本义指"妆饰、打扮"。如：涂饰表面，掩盖实质或失误称"粉饰"；润色也称"润饰"；文辞方面的修饰称"文饰"；装点修饰使其美观称"装饰"；夸张地描绘称"夸饰"。"饰"字由本义引申指"装饰用的东西"，如：服饰、花饰、首饰、衣饰、饰物。"饰"字由本义又引申指"扮演角色"，如：他饰演关公。"饰"字由本义还引申指"遮掩"，如：掩饰、隐饰、饰词、文过饰非。

"饰"和"粉饰"

　　距今两千四百多年前是战国时期。魏国有位政治家名叫西门豹,魏文侯时,西门豹受魏文侯委派,到邺(yè)县任县令。他到任后,就深入民间了解民情,他听漳河一带乡民说,他们这儿每年都要交很多钱粮为河神娶亲。河神在哪儿?他怎么会娶亲呢?

　　原来,当地一些掌权的恶棍,伙同巫婆,宣扬为保漳河不泛滥,每年由巫婆选个美丽的姑娘嫁给河神为妻,然后就给女家送来聘礼。女家不接受就要受到恐吓和迫害。

　　选定吉日为河神娶亲这天,漳河边搭起帷帐,四周插起彩旗,人们吹吹打打,热闹非凡。

　　被选中的姑娘由巫婆强迫她沐浴更衣,并将她精心打扮,然后由巫婆搀到河边,让她坐到河里放着的一张席子上,姑娘及家人呼天抢地,嚎哭不止,眼看着姑娘随着席子漂到河中央。一阵浪头打来,姑娘沉入水底被淹死了。这就是为河神娶亲。收上来的大批钱财都被恶棍们和巫婆私分了。正因为此,一些有女孩的人家,就纷纷逃离这可怕的地方。

　　西门豹摸清情况,等到又为河神娶亲这天,他亲临现场。当他看到泪流满面,早已吓得面无人色的姑娘时,连说这姑娘不漂亮,要巫婆去告诉河神,待找到美女再嫁给他。话音一落,差役们抬起巫婆,将她扔进河里。这下,吓得几个掌权的恶棍及巫婆的弟子两腿直抖。西门豹又以巫婆没回来汇报为由,又下令将巫婆的弟子及几个恶棍扔下河,要他们去催一催巫婆赶快回来。剩下的几个掌权者一个个"扑通"跪下,磕头如捣蒜,连声喊饶命,并当众供出了骗人害人的内幕。他们都被西门豹处死。从此漳河一带为河神娶亲的陋习便不再重演了。

　　在记载西门豹治邺的史书上,当谈到为姑娘打扮时,用了"共粉饰之"这句话。后来"粉饰"二字就成了常用词。"粉饰"原指为姑娘打扮、装饰之义,如今人们在使用这个词时已无"打扮"的意思,而是指掩盖缺点或真相,变成一个十足的贬义词了。

察其言量其行才可试用

shì 试

小篆的"试"字是个左右结构的形声字兼会意字。左边的"言"字旁表示跟言语说话有关,作形符。右边的"式"字读"shì",作声符并会意。

"式"字与"言"字组合,指"使用",使用前必须先察其言,量其行才可决定用与不用。因"用"与否,必须先察其言,这与言语有关,所以古人用"言"字作"试"字的形符。

古人为什么用"式"字作"试"字的声符呢?

小篆的"式"字是个形声字,以"工"为形符,"弋"为声符。"工"是筑墙用的工具,就是长木棍形的"杵(chǔ)"用来捣墙基泥土的。"式"字表示筑墙是有一定法度与规矩的。用在"试"字中,表示在测试一个人的时候也必须遵循一定的法度和规矩,所以试字以"式"字为声符并会意。

楷书的字形由小篆演变而来,写作"試",现简化为"试"。

"试"字的本义指"使用",由本义引申指"试用、试探"。如:试着看看称"试看";试着探索称"试探";心里有打算称"试图";试着提出问题称"试问"。还有试用、试纸、尝试、试想、试演、试论、试验田等词。

"试"字由本义引申指"测试",如:试题、试卷、比试、笔试、初试、考试、口试、应试等。

"试"一试是真是假

唐朝初年,有位大将军名叫李靖,是陕西三原人,此人精通兵法,不过跟《西游记》里托塔天王李靖毫无关系,也不是哪吒的父亲。隋朝末年,他曾任马邑郡丞,是地方行政长官。李渊起兵攻入长安后,李靖归唐朝,是唐朝的开国元勋,为唐朝的稳定作出了杰出的贡献。

李靖的功勋,遭到了一些人的嫉恨。其中有个叫侯君集将军,曾跟李靖学习兵法。此人心地险恶,他写了份状子,向唐高宗李渊告状,说李靖有谋反之心。唐高宗信以为真,派了位御史,也就相当于今日的司法官员,去查实此事。抓李靖归案。当时李靖驻扎在边远地区。这位御史知道李靖是被诬告的。他带了诬告者的状纸,要求诬告者侯君集随行,到时好当面对质。高宗同意了。

御史不敢有一点闪失,带着一行人前往李靖驻地。他明知李靖是冤枉的,但不得不奉旨办案,他一路上苦思冥想,过了好几个驿站,终于想到了个好主意。

这天早晨,正准备从一个驿站起程,继续赶路,御史忽然惊慌失措地来到侯君集的房间,焦急地说:"不好了!不好了,你写的那份状子不见了!"

御史不由分说举鞭便抽打随行保管行李的官员,又将驿站里的大小职员抓起来,说要送京城治罪,告他们玩忽职守,没能保证朝延命官的安全。最后他拿出一份状纸,请侯君集再写一份状子,好向朝延交差,也好跟李靖当面对质。侯君集不知是计,当即又写了一份状子。

御史拿到侯君集新写的状子,回到房间跟那份并未丢失的原状一对照,发觉两者出入很大,所述时间、地址、人名都不相同。御史收起状子,带着一行人返回京城,向李渊汇报详情,这才还李靖清白。诬告者侯君集因谋反罪被唐太宗李世民处死。

御史公正办案,有智有勇。他采用试一试的计谋试出了事实真相,避免了一场冤假错案。只可惜史上没留下这位御史的姓名,后人只能以"御史"呼之。

用眼睛看——视

shì 视

甲骨文

金文

小篆

隶书

楷书

甲骨文的"视"字,是个上下结构的形声兼会意字。下面的"目"字是形符,表示跟眼睛有关。上面是声符,可当作"示"字看待,读"shì"。两形合一,指用眼睛看。

古人之所以用"示"字作声符,因为"示"字像祭祀神灵的祭坛,上面摆满了祭品,所以"示"字有"鬼神"的意思。后来这个"示"字变成了"示"字旁——"礻"。凡用"示字旁"的字,大都与鬼神有关。神是能见远察微的,而"视"字也有见远察微的意思,所以"视"字以"示"字作声符并会意。

小篆的"视"字,由甲骨文演变而来,成了左右结构的字形。左边是"示字旁",右边是"见"字,所以表达的意思与甲骨文相同。

"视"字的本义指"看",如:视角、视力、视觉、视听、视野、视线、鄙视、电视、短视、忽视、环视、远视、怒视、扫视、注视、坐视、视而不见、熟视无睹。

"视"字由本义引申指"观察、考察",如:视察、监视、诊视。

"视"字又引申指"看待",如:仇视、敌视、怒视、蔑视、轻视、藐视、一视同仁。

"视"字也作姓氏用。

东晋·王羲之《兰亭序》

唐·欧阳询《九成宫醴泉铭》

奇怪的考题——视

明朝万历年间，有一年，又将举行会试。全国各地的举子，纷纷赶往京城，参加考试。

举子们在进入考场前，只见门前一块木板上，写着两行字，旁边特别注明：这是主考大人附加的试题，答不出者无需须担心，可直接进考场；答得出者，可直接面告主考官。主考官就端坐在门口凉棚下。

这四句话是个谜题，是要考生们猜四个字。谜题是：

木字多一撇，止字少一点。

一点不见，两点全欠。

众举子围着字谜，静心思考，小声商量，但无一人答得出，纷纷摇头，进考场去了。这时，人群中有一位眉清目秀的江西举子李进，默不作声，向着主考官的方向走了几步，又盯着主考官注视了一会儿，然后深深地鞠了个躬，走进考场去了。

站在一旁的举子们看了，都觉得莫名其妙，还以为这家伙在讨好主考官呢。主考官微微一笑，记下了他的姓名，进考场监考去了。

发榜后，李进高中榜首。据说主考官另给他加了分，因为他答出了那个谜题。这四句话的谜底是"移、步、视、钦"四个字。这最后一个是"钦"字的繁体字。

四个字中，单说这"视"字，就十分难猜。"一点不见"，指的是"视"字。"视"字可拆解为"示"字旁和"见"字。而"示"字旁又可拆解为上面一点和一个"不"字。这就是"一点不见"。他盯着主考官，即为"注视"的"视"字。至于其他三个字，就留待读者慢慢品吧。

以日为准正而不偏——是

shì
是

金文
小篆
隶书
楷书

　　小篆的"是"字是个上下结构的会意字。上面是"日"字，下面是"正"字。这两个字形组合在一起，表示以天上的太阳为标准，可领会为正而不偏差，直而不弯曲，肯定是对的，正确的。

　　"是"字的本义指"直、正"，引申出"对、正确"的意思。隶变后的楷体写作"是"。

　　也有人认为，古代的"是"字是个上下结构的形声字兼会意字。上面的字形是形符，可作"日"字和"旦"字理解，表示"阳光，光明"。下面的字形是"止"字，作声符，读"zhǐ"。这两个字形组合在一起，表示天下之事物，没有比太阳更正确的了。

　　古人为什么用"止"字作"是"字的声符呢？因为"止"有"行走"的意思，表示光明走到哪里都是正确的。小篆的字形是由金文演变而来的，隶变后的楷体写作"是"。

　　"是"字的本义指"合理的、正确的，与非相对"，如：是非、是的、是否、是非曲直、实事求是。

　　"是"字由本义引申指判断词，如：不是、就是、倒是、定是、回头是岸、浑身是胆。

　　"是"字假借作指示代词，表示"这个、这"，如：是日、如是、是可忍，孰不可忍？

　　"是"字又假借作助词，如：惟你是问、惟命是从。也作选择句或疑问句用，如：是不是你？

　　"是"字也作姓氏用。

人在日落时——是

这天晚上，南京夫子庙测字大师胡铁嘴正想休息，忽然，好友徐文才急匆匆来找他，说有位远亲，是经营百货的徐老板。孙子持刀行凶，砍伤一高官的儿子，现被关进大牢，将判重刑。徐老板急得卧床不起，想请胡铁嘴上门测个字，问问吉凶，找个万全之计。

胡铁嘴带着字袋，跟徐文才一起赶到徐府。徐老板躺在床上，唉声叹气，自叹命苦。儿子早逝，孙子又是如此不争气，万贯家财，难道归还老天？他请胡铁嘴坐下，说："我敬仰你胡先生，请给我测个字，指点迷津。"胡铁嘴递上纸袋说："我以字说事，请拣字。"

徐老板手指抖抖地掏出个"是"字。胡铁嘴看了看说："事情的经过，文才简单地说了。依这'是'字看，也符合眼下实情。徐老先生八十高寿，已是福分，但毕竟是日落西山、风烛残年。这'是'字上为'日'，下半部可拆为'下人'二字。'日下人'乃'日下之人'，非艳阳高照，而是黄昏之后。说句罪过话，对此事，老先生当可泰然处之，先保重好自己身体，再谈子孙之事。钱财身外之物，万贯家财，即便归还老天又何妨？"

徐老先生关心地问："成龙被抓，近况怎样？"

胡铁嘴说："正如'是'字所示，他是光天化日之下，持刀杀人，犯的是重罪，恐怕是手铐脚镣，关在铁笼子里。"

徐老先生怀疑地问："会这样吗？"

胡铁嘴将"是"字放到徐老先生眼皮下，说，"'是'字里藏着'二足'两字，且是'二足并立'，我以此推断，他双脚已套上铁镣了。"

徐老先生不死心，问："能不能提前释放呢？"

胡铁嘴说："'提'字由'手'和'是'搭配。你想'提'，而手无力。对方权势比你大，你胳膊想拗过大腿？"

徐老先生听罢，手拍床沿，摇头叹息。

胡铁嘴觉得已无话可说，便与徐文才告辞。路上，胡铁嘴对徐文才说："还有句话我没说。'是'还可拆成'一旦走'三个字。这老先生'一旦走'后，还不知闹成什么样呢。"

走到那儿去——适

shì
适

金文 躗
小篆 躗
隶书 適
楷书 适

甲骨文的"适"字是个上下结构的形声字。上面是"帝"字，作声符。下面是"止"字，像一只脚的形状，指"脚"，且指左脚。因人迈步后，往往停在左脚上。

金文承接甲骨文，但将"止"字改成了"口"字。

篆文综合甲骨文和金文，又加了半条街，写成了"辵"字，读"chuò"，表示在大街上行走，隶变后的楷体写作"辵"，作偏旁时写作"辶"，这就是人们常用的"走之旁"，于是就成了个从"辵"表示走路，从"啻"声的字，两形合一，表示"前往"。隶变后的楷书写作"適"。如今简化，借用当时的一个俗体字"适"字为简体字。这个"适"字中的"舌"字读"shé"，正好与"适"字谐音。

"适"字的本义指"前往、到"。如：无所适从，指不知跟谁好，不知往哪儿去，也不知怎么办才好。这里的"适"字指"往哪儿；归向"；"从"字指"听从，跟从"。

"适"字由本义假借指"相合、切合"。如：恰当、合宜称"适当"；符合、合宜称"适合"；数量合适称"适量"；适合时宜、不早不迟称"适时"；合适、相宜称"适宜"。还有适意、适应、适用、适中、适可而止、削足适履等词语。

"适"字由上义引申指"正好、正巧、恰好"。如："刚好碰到；正赶上"称"适值"；得到的和预期的恰恰相反称"适得其反"；正巧赶上这个时间称"适逢其时"。

"适"字又假借指"舒服"，如：安适、舒适、恬（tián）适、不适、闲适。还假借指"刚才、方才"，如：适才。

"适"和"削足适履"

"适"字指适合,也有恰好的意思。如:适可而止、削足适履。成语"削足适履",指把脚削小,以适应鞋子的尺寸,比喻不合理的迁就或生搬硬套。这里的"履(lǚ)"指鞋子。"适"指适应。

说起这一成语的出典,有段历史故事。

这一成语出自西汉刘安所著《淮南子·说林训》一书,其中有句"削足而适履,杀头而便冠"。

故事说的是春秋时期,楚国的楚灵王率军消灭了北方的蔡国,随后任命他的弟弟弃疾为蔡公,前往治理这块地方。他自己继续领兵去攻打东面的徐国。

弃疾到了蔡地上任,没隔几天,他手下有个谋士名叫朝吴,就给他出了个坏主意。此人心狠手辣,是个邪恶小人。他鼓动弃疾趁灵王在外领兵打仗之机,回去先杀了灵王的两个儿子,然后篡夺王位。

弃疾利欲熏心,竟然点头同意,带着朝吴赶回国,杀了灵王的两个儿子。灵王在外得知此事,在军中上吊自杀。国内的弃疾不知灵王已死,还不敢称王,反而拉他二哥子午当国君。子午登上王位后不久,弃疾听说灵王已死,他又与朝吴合谋,杀了子午,自己称王。这个楚王,便是历史上的楚平王。

刘安在《淮南子·说林训》中详细叙述了楚平王两次杀兄的经过,并感慨地说:"情同手足的兄弟之间,为了争夺王位,听信小人的谗言而相互伤害,这就如同砍掉脚的一块骨肉,以适合鞋子的大小,砍去头上的骨肉,以适合帽子的尺寸,这是多么愚蠢可悲啊。"

后人将"削足而适履"紧缩为成语"削足适履",用来比喻不看实际情况,不顾现有条件,生搬硬套,也指不合理的迁就和让步。

以往过去了——逝

shì
逝

　　"逝"字是个内外结构的形声兼会意字，外面是个走之旁"辶"，表示这个字与行走有关。里面是个"折"字，表示这个字的读音。

　　"走"，表示移动，或向前、或向后。这儿表示一切都过去了，其本义就是"去"与"往"的意思。

　　古人用"折"当声符，也是有其用意的。"折"有断裂、一折为二、折断的意思，又引申为"回转、改变方向"的意思，如：折返、折回、转折。用在这儿表示"过去不回"的意思，所以以"折"作声符并会意。

　　过去了，也就是消失了，这就是消逝、流逝、时光易逝。

　　消逝了、不存在了，对人来说，也就是死了，这就是逝世、病逝、永逝。

逝 小篆

逝 隶书

逝 楷书

宋 苏轼 赤壁赋　　宋 苏轼 楚颂帖

明 张瑞图　　草书韵会

从近处入手——逝

明朝年间,太原有位老秀才,突然病倒在床。一天,他的好朋友来探望,问他身体如何。老秀才强打精神,笑着说好多了。朋友很高兴,说:"快点好起来吧,我还想多看看你写的文章呢。"

老秀才点点头,回答道:"不用等痊愈,我很快就要从近处入手了。"朋友以为他在病中还写文章,忙劝阻他不可太劳累,然后客套了几句,就起身告辞了。

几天后,这位朋友再来探望,方知老秀才在他走后的第二天就去世了。听到这个消息,朋友呆住了,正想问个究竟,突然脑海里闪过一句话,接着说道:"哎呀,上次他说要从近处入手,不就是在暗示自己不行了吗?我真傻呀,竟连这个也没听出来!"想到这儿,忍不住流下泪来。

原来,老秀才讲得"从近处入手",就是把"手"放在"近"字中间。这是个"逝世"的"逝"字。因为提手旁代表"手",插在"近"字当中,就是个"逝"字。老秀才说"从近处入手"不过是开了个玩笑,因为他知道自己活不了多久了。

一字一世界